Über dieses Buch

Die bekannte Yoga-Lehrerin Kareen Zebroff (im Fischer Taschenbuch Verlag: ›Yoga für Jeden‹, Bd. 1640 und ›Yoga für die Familie‹, Bd. 1762) hat mit diesem neuen Buch den Wunsch von vielen Frauen nach einem *ganzheitlichen* Schönheitsprogramm erfüllt.

Ausgehend von der Einsicht, daß der Mensch eine Einheit aus Leib, Geist und Seele ist, hat sie ein 14-Tage-Übungsprogramm entwickelt, das mit Hatha-Yoga und einer Natur-Diät für die Vervollkommnung des Körpers sorgt, mit Konzentrationsübungen für die geistige Erneuerung und einfachen Meditationsübungen der Seele Nahrung bietet. So ist ein ganzheitliches Programm entstanden, das jeder Frau nicht nur Schönheit, sondern auch innere Ruhe, Zuversicht und die Freude am Leben wiederschenkt.

Jeder Tag ist einzeln besprochen und in die vier Aspekte der Schönheitspflege, Diät, Hatha-Yoga- und Meditationsübungen untergliedert: übersichtlich und praktisch wie alle ihre Bücher – mit Fotos zu den Körperübungen und abschließend einer sehr nützlichen Liste aller für die Gesundheit notwendigen Vitamine und Mineralien und ihrem Vorkommen in den verschiedenen Nahrungsmitteln.

Kareen Zebroff

Schön und schlank durch Yoga

Das 14-Tage-
Yoga- + Diätprogramm

Fischer
Taschenbuch
Verlag

37.–39. Tausend: Juni 1988

Ungekürzte Ausgabe
Veröffentlicht im Fischer Taschenbuch Verlag GmbH,
Frankfurt am Main, Februar 1979

Lizenzausgabe mit freundlicher Genehmigung
der Econ Verlag GmbH, Düsseldorf–Wien und
Falken-Verlag Erich Sicker KG, Wiesbaden
© Falken-Verlag Erich Sicker KG, Wiesbaden
und Econ Verlag GmbH, Düsseldorf–Wien 1976
Titel der Originalausgabe: ›Beauty through Yoga‹
Ins Deutsche übertragen von Rosemarie Litzenberger und Hanna Bauer
›Beauty through Yoga‹
© Fforbez Enterprises Ltd., Vancouver 1975
Fotos: Duncan McDougall
Illustrationen: Bee Walters
Umschlagentwurf: Jan Buchholz / Reni Hinsch
unter Verwendung eines Fotos (Foto: Joachim Litzenberger)
Satz: Otto Gutfreund & Sohn, Darmstadt
Druck und Einband: Clausen & Bosse, Leck
Printed in Germany
ISBN 3-596-21875-6

Inhalt

Vorwort — 9
Was ist Schönheit? 10
Die Schlankheitsdiät – vitalstoffreich und gesund 11
Die Yoga-Übungen 12
Die innere Einstellung 13

Verjüngungskur in vierzehn Tagen

Der erste Tag — 15
Schönheitspflege – Gesicht und Teint 15
Schlankheitsdiät – Entschlackung 17
Yoga-Übungen – Kopf und Gesicht 18
Schönheits-Atmung · Rumpfbeuge im Stehen 18
Löwe 20 · Lächeln 22
Innere Einstellung – Einführung in die Meditation 24

Der zweite Tag — 25
Schönheitspflege – Gesichtsreinigung 25
Schlankheitsdiät – Aufbaukost, Tagesmenü 26
Yoga-Übungen – Gewichtsabnahme 27
Kühlende Atmung 27 · Kerze 28 · Pflug 30 · Fisch 32
Innere Einstellung – Konzentration auf eine Aufgabe 34

Der dritte Tag — 35
Schönheitspflege – Die Haut und Feuchtigkeitsbedarf-Masken 35
Schlankheitsdiät – Ratschläge 37 · Tagesmenü 38
Yoga-Übungen – Nacken und Kinn 39
Tiefatmung 39 · Katzen-Streckung 40
Unterstütztes Nacken-Rollen 42 · Apfelbiß 43
Innere Einstellung – Sinneseindrücke ausschalten 44

Der vierte Tag — 45
Schönheitspflege – Hautproblem Akne 45
Schlankheitsdiät – Keime 47 · Tagesmenü 48
Yoga-Übungen – Haltung 49
Arm- und Beinstreckung 50 · Hunde-Streckung 52
Haltungsgriff 54
Innere Einstellung – Die Gedanken ordnen und beherrschen 56

Der fünfte Tag _____ 57
Schönheitspflege – Die Hände 57
Schlankheitsdiät – Naturbelassene Nahrungsmittel 58 · Tagesmenü 59
Yoga-Übungen – Arme und Hände 60
Atmung mit Armschwingen 60 · Hand an die Wand 60
Blume 62 · Finger-Massage 63 · Schiefe Ebene 64
Innere Einstellung – In das Kerzenlicht schauen 66

Der sechste Tag _____ 67
Schönheitspflege – Die Nägel 67
Schlankheitsdiät – Kalorien 68 · Tagesmenü 69
Yoga-Übungen – Büste und Oberarme 70
Wechselseitige Nasenatmung I 70 · Brust-Expander 70
Krähe 72 · Kobra 74
Innere Einstellung – Apfelbetrachtung 76

Der siebte Tag _____ 77
Schönheitspflege – Die Zähne 77
Schlankheitsdiät – Kohlenhydrate 79 · Tagesmenü 80
Yoga-Übungen – Bauch und Taille 81
Wechselseitige Nasenatmung II 82 · Ohr zum Knie 82
Twist 84 · Seitlicher Schwung 86
Innere Einstellung – OM singen 88

Der achte Tag _____ 89
Schönheitspflege – Hautpflege 89
Schlankheitsdiät – Fette 91 · Tagesmenü 92
Yoga-Übungen – Bauch und Bauchmuskeln 93
Verdauungs-Zyklus · Bogen 94 · Seitliche Beinhebung 96
Aufsetzen 98
Innere Einstellung – Visualisieren: Der Aufzug 100

Der neunte Tag _____ 101
Schönheitspflege – Das Haar 101
Schlankheitsdiät – Vitamine 103 · Tagesmenü 104
Yoga-Übungen – Das Gesäß 105
Wechselseitige Nasenatmung III 105 · Halbe Heuschrecke 106
Halbe Brücke 108 · Becken-Streckung 110
Innere Einstellung – Gebet und Meditation 112

Der zehnte Tag _____ 113
Schönheitspflege – Haarprobleme 113
Schlankheitsdiät – Mineralstoffe und Spurenelemente 115 ·
Tagesmenü 116
Yoga-Übungen – Hüften 117
Positive Atmung 117 · Gang auf den Hüften 118
Twist-Rollen 120 · Hüftbeuge 122
Innere Einstellung – Meditation über einen Satz 124

Der elfte Tag — 125
Schönheitspflege – Cellulite – ein Frauenproblem 125
Schlankheitsdiät – Eiweiß 127 · Tagesmenü 128
Yoga-Übungen – Oberschenkel 129
Summende Atmung 129 · Seitliche Hebung 130
Stirn zum Boden 132 · Stirn zur Ferse 134
Innere Einstellung – Sensibilisierung 136

Der zwölfte Tag — 137
Schönheitspflege – Duschen und Baden 137
Schlankheitsdiät – Proteinbildende Nahrungskombinationen 139
Tagesmenü 140
Yoga-Übungen – Beine 141
Atmung mit hochgelegten Beinen 141
Gegrätschte Beinstreckung im Stehen 142 · Adler 144
Hocke 146
Innere Einstellung – Das Gehirn – ein Computer? 148

Der dreizehnte Tag — 149
Schönheitspflege – Die Füße 149
Schlankheitsdiät – Nahrungsmittel mit Heilwert 151 · Tagesmenü 152
Yoga-Übungen – Füße und Knöchel 153
Reinigungsatmung 153 · Knöchelbeuge 154 · Frosch 156
Zehen-Twist 158
Innere Einstellung – Erreichung eines Ziels 160

Der vierzehnte Tag — 161
Schönheitspflege – Die Augen 161
Schlankheitsdiät – Natürliche Abführ- und Beruhigungsmittel 163
Tagesmenü 164
Yoga-Übungen – Entspannung 165
Wärme-Atmung 165 · Rock'n 'Roll 166
Zusammengerolltes Blatt 168 · Schwamm 170
Innere Einstellung – Motive zur Kontemplation 172

Vitamine — 173
Mineralstoffe und Spurenelemente — 175

Nutzen Sie die Heilkraft der Natur!

Die umfassende Sammlung altbewährter Kräuterrezepte zur Vorbeugung, Gesunderhaltung und Heilung.
Der praktische Gesundheitsratgeber für die ganze Familie!

Gesundheit durch altbewährte Kräuterrezepte und Hausmittel aus der **Naturapotheke**.

(4157) Von Gerhard Leibold, 236 Seiten, 8 Farbtafeln, 100 Zeichnungen, Pappband, **DM 29,80**

Der Spezialist für nützliche Bücher

Falken-Verlag, Postfach 1120, D-6272 Niedernhausen/Ts.

Preisstand 1. 5. 1986 · Änderungen vorbehalten

Vorwort

In diesem Buch habe ich versucht, für meine Leser und Zuschauer die Erkenntnisse niederzuschreiben, die ich aus dem Umgang mit Yoga gewonnen habe und die mir zu greifbaren Erfolgen verhalfen. Für unsere ungeduldige westliche Welt ist der Karma-Yoga, der Yoga der Tat, ideal; wir sind tatkräftig, wollen aber auch Resultate sehen. Dafür setzen wir uns ein, engagieren uns und streben nach Vervollkommnung.

Doch trennt man sich nur ungern von liebgewordenen Gewohnheiten, selbst wenn man sie als ungesund oder falsch erkannt hat. Deshalb habe ich auch nur ein Programm für vierzehn Tage entwickelt, das sich von jedem leicht bewältigen läßt und keine grundlegende Umstellung erfordert. Bereits dieser Versuch mag allerdings genügen, um Sie vom Wert dieser Verjüngungskur zu überzeugen, so daß Sie gern weitermachen.

Der Mensch ist eine unteilbare Einheit von Körper, Geist und Seele, wobei körperliches und seelisches Wohlbefinden voneinander abhängen. Es wäre also Stückwerk, wollte man nur den Körper oder ausschließlich den Geist ausbilden. Eine umfassende Regenerierung muß sich mit der Ernährung ebenso befassen wie mit der Pflege des Äußeren, der Fitneß des Körpers und der inneren Einstellung. Ein Buch mit nichts anderem als Muskeltraining vernachlässigt die inneren Organe, ein Buch nur über Ernährung nützt lediglich einem Teil des Körpers, ein Buch über äußerlich anwendbare Schönheitsmittel vergißt die Aspekte von Ernährung und Training, und ein Buch über meditative Übungen allein verfehlt seinen Zweck, sofern ein ungesunder Körper den Geist ablenkt.

Deshalb habe ich in diesem Buch alle vier Aspekte, Schönheitspflege, Schlankheitsdiät, Yoga-Übungen und innere Einstellung, vereinigt und erläutert. Eine Kette reißt am schwächsten Glied, und so ziehen Probleme auf einem Gebiet die anderen in Mitleidenschaft. Stärkt man dagegen jedes auf seine Weise, so unterstützen sich die Kräfte gegenseitig und verdoppeln die körperlichen und geistigen Energien. Zusätzliche Energien aber sind ein Zeichen der Jugendlichkeit, die sich wiedergewinnen läßt.

Was ist Schönheit?

Wahre Schönheit setzt voraus, mit sich selbst in Einklang zu leben, sich selbst und seine Möglichkeiten zu erkennen und seinen eigenen Stil zu entwickeln. Eine selbstsichere und kluge Frau sieht immer ansprechend aus, weil sie die Vorzüge und die Mängel ihres Körpers realistisch analysiert und sich darauf einstellt.

Schön ist ein Mensch, dessen innere Harmonie mit der äußeren Ausstrahlung einhergeht, dessen Proportionen stimmen, unabhängig von dem jeweils vorherrschenden Schönheitsideal.

Mein Vater, ein Arzt, fand Männerbeine immer schöner als Frauenbeine. Allgemein betrachtet ist das sicher richtig, denn stellt man die gleiche Anzahl Männer und Frauen gleichen Alters gegenüber, wird man bei den Männern weniger schwammige Oberschenkel, Krampfadern oder dicke Knie antreffen als bei den Frauen. Diese Mängel bei den Frauen, die mit dem weiblichen Hormonhaushalt zusammenhängen, beeinträchtigen alle das harmonische Aussehen nach dem »Goldenen Schnitt«, der in jüngeren Jahren vorhanden gewesen sein mag. Dieser »Goldene Schnitt« ist weniger mathematisch berechenbar als eine Frage der Gewichtsverteilung am Körper. So kann eine »Walküre« durchaus schön sein, weil ihre volle Brust zu den ausladenden Hüften, den stämmigen Beinen und den kräftigen Armen paßt. Eine Frau muß nicht hager wie ein Fotomodell sein, um anziehend zu wirken. Lediglich muß das Gewicht gut verteilt sein, ausgewogen im Gesamteindruck.

Der Psychiater Ernst Kretschmer unterschied drei Konstitutionstypen, wobei er morphologische und psychologische Eigentümlichkeiten verbindet: den leptosomen Typus mit feinknochigem Skelett und schlankem Wuchs, den pyknischen mit Neigung zur Fülle und den athletischen mit kräftigem Knochenbau, stark entwickelten Muskeln und ausgeglichenen Körperproportionen. Innerhalb jeder Gruppe kann man Variationen bis hin zum Extrem antreffen. Darüber hinaus spielen bei Frauen die Hormone eine große Rolle und beeinflussen den Typ.

Die Schönheit ist also nicht auf eine bestimmte Gruppe beschränkt. Jede Frau kann schön sein und ist es auch, wenn sie eine gute Haltung hat, sich mit Anmut zu bewegen weiß, Gesundheit und Lebensfreude ausstrahlt und weder halb verhungert noch verfressen aussieht.

Auch der Knochenbau ist von Bedeutung, und das mag erklären, warum zwei gleichgroße und gleichschwere Mädchen ganz verschieden aussehen können, das eine gerade richtig und das andere übergewichtig. Das hat auch etwas mit der Kondition zu tun. Ein sportlich trainierter Körper wirkt straff trotz einiger Kurven, ein verweichlichter dagegen schwammig und fülliger, als er in Wirklichkeit ist.

Bei der richtigen Einschätzung der möglichen Figurverbesserung ist die Erkenntnis wichtig, daß nicht ein Übermaß an Essen allein die Hauptursache für Übergewicht ist, sondern ein Mangel an ausreichender Bewegung. Eine kürzlich veröffentlichte Studie der kanadischen Regierung kam zu dem Schluß, daß Menschen mit Übergewicht nicht unbedingt mehr essen als andere, sich aber zu wenig bewegen.

Schönheit ist Geschmackssache, und über Geschmack läßt sich bekanntlich nicht streiten. Jeder Mensch darf davon ausgehen, daß er von Natur aus schön ist. Wahre Schönheit strahlt von innen aus, und entscheidender als das Äußere sind die menschliche Art, Charme, Heiterkeit, Herzenswärme, Anteilnahme an den Mitmenschen, Humor, aber auch Anmut, Sauberkeit und ein gepflegter Körper. Daraus setzt sich auf der ganzen Welt die Vorstellung wahrer, weiblicher Schönheit zusammen.

Wenn Sie Ihr Aussehen verbessern wollen, müssen Sie bedenken, daß Sie allein mit einer Schlankheitsdiät nur eine allgemeine Gewichtsabnahme erreichen können, nicht aber eine Abnahme an den gewünschten Stellen oder mehr Fitneß. Um Ihre

Möglichkeiten zu erkennen, stellen Sie sich zur Bestandsaufnahme nicht nur vor den Spiegel, sondern auch auf die Waage und vergleichen Sie Ihr tatsächliches Gewicht mit Ihrem Idealgewicht. Dieses errechnen Sie, indem Sie die Zentimeter hinter dem Komma gleich Kilogramm setzen und 10 Prozent abziehen – Größe 1,70 m – 70 kg – 7 kg = 63 kg Idealgewicht. Untergewicht könnte Sie vor allem bei stärkerem Knochenbau um Jahre älter aussehen lassen und gar nicht mehr Ihrem Typ entsprechen.

Eine müde, abgespannte und resignierte Frau, die stumpfsinnig ihren übergewichtigen Körper mit sich herumschleppt, wirkt häßlich, selbst mit dem schönsten Gesicht. Um etwas aus sich zu machen, muß sie nicht nur Übungen absolvieren, um ihr Idealgewicht zu erreichen, sondern auch ihre Lebenseinstellung ändern. Sie muß »die Lebensfreude kultivieren«. Lächeln kann man nicht mit zusammengekniffenen Lippen, und Stirnerunzeln und ein langes Gesicht verschwinden, wenn man sich zu ein wenig Begeisterung – für eine Sache oder einen Menschen – aufrafft.

Eine Schönheitskur beginnt damit, daß man die Schultern zurücknimmt und den Kopf hoch, daß man die mürrische Miene verbannt, sich mit positiven Gedanken befaßt und sich selbst bejaht! Dazu kommt die Anerkennung, die man dafür ernten wird, daß man mit Erfolg versucht, aus sich das Beste zu machen. Da die äußerliche Schönheitspflege am stärksten ins Auge fällt und der Erfolg ansportnt, habe ich diesen Teil der vierzehntägigen »Verjüngungskur« an den Anfang eines jeden Tagesprogramms gestellt.

Die Schlankheitsdiät – vitalstoffreich und gesund

Diese Diät ist das Resultat einer fünfjährigen Forschungsarbeit und vieler Interviews mit Ernährungswissenschaftlern, wobei es mir darum ging, nicht um jeden Preis auf Kosten des Körpers einen schnellen Gewichtsverlust zu erreichen. Vielmehr wurde eine sorgfältig ausgewogene Diät zusammengestellt, damit dem Körper alles Nötige zugeführt wird.

Anstatt Ihnen einige ernährungswissenschaftliche Grundlagen in einem schwer verdaulichen Vorwort zu servieren, habe ich sie den Tagesplänen zugeordnet.

Meiner Erfahrung nach hat die vorgeschlagene Schlankheitsdiät ihren besonderen Wert, weil man sich dabei wohl und aktiv fühlt, weder reizbar noch kälteempfindlich oder schwach. Sie versorgt den Körper mit Nähr-, aber auch Vitalstoffen wie Vitaminen, Mineralien und Spurenelementen und führt trotzdem zu Gewichtsverlusten. Zeiteinteilung und Gehalt des Essens wirken dem Abfall des Blutzuckerspiegels entgegen und verhindern so Tiefstimmungen und Leistungsminderung.

Um Ihnen das Durchhalten zu erleichtern, finden Sie in den Speiseplänen auch Süßigkeiten wie Honig, aber auch Bananen, Aprikosen und Mandeln. Die Nahrungszusammenstellung gewährleistet eine gute Verdauung ohne Blähungen. Dabei sind die 1050 Kalorien so über den Tag verteilt, daß sich ein Hungergefühl kaum einstellen dürfte. Auch ist erwiesen, daß man leichter an Gewicht verliert, wenn die tägliche Nahrungsmenge über mehrere und kleine Mahlzeiten verteilt ist.

Die Schlankheitsdiät können Sie, sooft Sie wollen, wiederholen. Eine dreimalige Durchführung stabilisiert das Gewicht. In den Pausen dazwischen sollten Sie sich aber nicht mit Heißhunger auf alles Eßbare stürzen.

Während der Schlankheitskur dürfen Sie ruhig einzelne Tage austauschen, aber nicht die einzelnen Mahlzeiten ändern.

Ehe Sie mit der Diät beginnen, tragen Sie in ein Notizbuch alles ein, was Sie am Tag

zuvor gegessen haben, wann Sie am hungrigsten waren, und was Ihnen am besten schmeckt, vom Frühstück bis zum Schlafengehen. Dieses Tagebuch führen Sie auch während der Diät fort. Dabei sind kleine Abweichungen vom Tagesplan, die Sie sich geleistet haben, am wichtigsten.
Wiegen Sie sich am ersten, am siebten und am letzten Tag, jeweils zur gleichen Tageszeit.
Besorgen Sie sich die nötigen Zutaten für die täglichen Speisepläne. Wahrscheinlich haben Sie daran auch nach der Diät soviel Geschmack gefunden, daß Sie sie auch weiterhin verwenden. Außer den üblichen Nahrungsmitteln sollten Sie zu Hause haben: Naturhonig, Melasse oder Zuckerrübenkraut, Weizenkeime, Bierhefe gepulvert oder in Flocken, Safloröl, Erdnußbutter ohne Salz und andere Zutaten, geschälte Sonnenblumenkerne, getrocknete und nicht geschwefelte Aprikosen, Magermilchpulver, Sojamehl, Apfelessig, Kräutertees, Leinsamen, Wasserkresse, Mandeln ungeschält und ungesalzen, Sojamalz, Kräuter- oder Meersalz.
Zucker, scharfe Gewürze, Senf und Ketchup sind verboten. Zum Würzen der Speisen dürfen nur Kräutersalz oder natürliche Aromate verwendet werden.
Ein wichtiger Hinweis: Es sollte keine Mahlzeit ausgelassen werden. Die Zusammensetzung der Diät sorgt dafür, daß der Blutzuckerspiegel nicht unter einen gewissen Punkt sinkt.
Mit dieser Diät haben wir das Allgemeinbefinden und die Gesundheit im Auge, nicht nur einen Gewichtsverlust.
Vor Beginn der Schlankheitskur sollten Sie unbedingt Ihren Arzt befragen, ob gesundheitliche Bedenken gegen diese Art der Diät bestehen.

Die Yoga-Übungen

In diesem Buch wird von Ihnen weder ein einstündiges noch ein halbstündiges, nicht einmal ein zehnminütiges Übungspensum verlangt. Lediglich fünf Minuten täglich sollten Sie Ihren Schönheitsübungen widmen, eine Zeitspanne also, die Sie sicher erübrigen können. Wenn Sie schon einmal auf dem Boden liegen und sich genüßlich dehnen, dann werden Sie wahrscheinlich nicht die Minuten zählen, sondern sich zu längerem Verweilen verführen lassen. Jedes Üben verfehlt seinen Zweck, wenn es nicht regelmäßig, Tag für Tag, betrieben wird, und das gilt auch für Yoga. Wenn Sie allerdings diese Fünfminutenprogramme mit Spontanyoga kombinieren, dann betreiben Sie den ganzen Tag Yoga. Man kann sich daran gewöhnen, jedesmal spontan an Yoga zu denken, wenn sich eine Bewegung oder Situation wiederholt, beispielsweise bei jedem Bücken den Bauch einzuziehen, auf einem Bein balancieren, während man telefoniert, die Zunge wie im Löwen herauszustrecken, wenn man an einer Ampel bei Rot steht, beim Haarebürsten bewußt nach vorn schwingen und so weiter. Mit anderen Worten, man integriert beim Spontanyoga die Übungen oder Übungsteile in die tägliche Routine.
Obgleich das Yogaprogramm auf vierzehn Tage abgestimmt ist, lassen sich einzelne Übungen oder das Pensum verschiedener Tage ohne weiteres nach Belieben wiederholen, um das Gelernte einzuprägen. Trotzdem sollte man das Gesamtkonzept nicht aus den Augen verlieren. Die vierzehntägige Verjüngungskur sollte nicht als einmalige Angelegenheit, sondern als erster Schritt zu einer neuen Lebensweise gesehen und erlebt werden.

Die innere Einstellung

Lernpsychologen haben nachgewiesen, was den Yogis schon lange selbstverständlich ist: Erfolgserlebnisse und Befriedigung hängen weitgehend von der inneren Einstellung ab. Jeder hat schon einmal die Erfahrung gemacht, daß ihm Dinge gut gelingen, für die er sich mit Freuden einsetzt. Bei unangenehmen Aufgaben dagegen kostet es einige Überwindung, sie in Angriff zu nehmen. Es tritt also immer wieder der Fall ein, daß innere Widerstände einer positiven Einstimmung im Wege stehen.

Sie zu erlangen ist lernbar, mit einer Methode der kleinen Schritte, notfalls mit Eselsbrücken. Einige Möglichkeiten, sich selbst zu überlisten, seien am Beispiel der Schlankheitskur aufgezeigt. Diese kleinen Tricks sollen einen davon abhalten, von den gefaßten Vorsätzen abzuweichen und rückfällig zu werden – sie sorgen dafür, daß man sich in der richtigen Einstellung übt:

1. Hängen Sie ein Bild eines Mannequins oder eines aus Ihren schlanken Tagen an den Küchenschrank.
2. Kleben Sie das Bild einer fetten Frau innen an die Kühlschranktür, als Mahnung, wenn Sie doch den Kühlschrank geöffnet haben.
3. Lenken Sie Ihre Gedanken vom Essen dadurch ab, daß Sie sich mit anderen Menschen befassen. Sogar wenn Sie anderen Menschen Essen servieren, beispielsweise in einem Krankenhaus, kommen Sie besser über Ihren Appetit hinweg und fühlen sich dabei besser.
4. Reden Sie sich beim nächsten Hungeranfall ein, daß ein Mensch mit Übergewicht nicht wirklich hungern kann; er bildet sich nur ein, Appetit zu haben.
5. Schalten Sie während der Diät alle Gedanken an Essen ab. Vermeiden Sie Gespräche darüber, Fotos in Zeitschriften oder Werbung im Fernsehen. Konzentrieren Sie sich statt dessen auf kulturelle Anregungen, beispielsweise ein Buch, zu dem Sie bisher keine Zeit hatten.
6. Schlagen Sie jedes Krümelchen, das Sie essen, in der Kalorientabelle nach. Sie werden überrascht sein, wie viele Kalorien sich trotz aller guten Vorsätze einschleichen, wenn Sie nicht wachsam sind.
7. Tragen Sie jede Erdnuß, jedes Salatblatt und jedes Abschmecken während des Kochens in Ihr Notizbuch ein. Auch dabei kommen Kalorien zusammen, und die Mühe des Aufschreibens raubt Ihnen möglicherweise die Freude am Naschen.

Das sind alles in allem Kleinigkeiten, und doch dienen sie als Krücken, um auf dem vorgefaßten Weg zu bleiben. Hier ist das Ziel nicht weitgesteckt; es gilt, einige Pfunde abzunehmen, und als Lohn winkt der sichtbare Erfolg.

Genauso spürbar ist der Erfolg, wenn es Ihnen gelingt, zu größerer Gelassenheit und einer mehr philosophischen Lebensanschauung zu kommen. Es kann nicht das Ziel dieses Buches sein, durch Schönheitspflege, richtige Ernährung und Übungen den Körper fit zu machen und dann hektische Aktivität zu propagieren. In einem gesunden Körper aber kann sich ein aufnahmefähiger Geist entfalten, der Sinn für das Schöne, die Freude am Dasein und höhere Einsichten und Erkenntnisse. Um Körper, Geist und Seele zu einer Harmonie zu bringen, finden Sie bei jedem Tag der Verjüngungskur Vorschläge zu meditativen Übungen.

Die im Buch für die einzelnen Tagespläne benutzten Symbole:

 Schönheitspflege

 Schlankheitsdiät

 Yoga-Übungen

 Innere Einstellung

Die Ziffern in den Symbolen
geben die jeweiligen Tage des Verjüngungsprogramms an.

SCHÖNHEITSPFLEGE

Der erste Tag

Gesicht und Teint

Zwar beschränkt sich eine vernünftige Schönheitspflege nicht nur auf das Gesicht; es nimmt jedoch eine vorrangige Stellung ein, weil das Gesicht einerseits der direkten Beobachtung durch die Umwelt ausgesetzt und andererseits auch allen Einflüssen von außen her am meisten preisgegeben ist.

Schönheitspflege bedeutet, die Schönheit zu erhalten und nicht nur bestimmte Vorzüge mit kosmetischen Mitteln hervorzuheben und Mängel zu übertuschen. Der Zweck ist, möglichen Schädigungen der Haut durch Witterung, Umweltverschmutzung oder nicht einwandfreie Kosmetika vorzubeugen oder diese durch eine sorgsame Pflege und Behandlung auszugleichen, um Alterserscheinungen so lange wie möglich hinauszuzögern.

Wie makellos und jugendlich frisch Ihre Haut ist, richtet sich aber auch wesentlich nach den Nährstoffen, die sie vom Organismus erhält. Bevor Sie deshalb mit pflegender, behandelnder und verschönernder Kosmetik beginnen, müssen Sie bedenken, daß die Grundlage aller äußeren Schönheit nur von innen kommen kann und deshalb nur durch eine gesunde Ernährungsweise gewährleistet ist. Diese Regel gilt immer, ganz gleich, unter welchen Hauttyp Sie einzuordnen sind.

Fette Haut ist feuchtglänzend, großporig, sieht meist grau und grobkörnig aus und neigt zu Komedonen (Mitessern). Die Talgdrüsen, die dazu dienen, die Haut geschmeidig und elastisch zu erhalten, sondern bei fetter Haut übermäßig Talg ab, was mit einem gestörten Gleichgewicht der inneren Sekretion (Hormondrüsen) zusammenhängt.

Dieser Erscheinung intensiv mit entfettenden Präparaten entgegenwirken zu wollen, kann das Gegenteil auslösen, daß nämlich die Haut mit einer verstärkten Talgbildung reagiert.

Auch auf fette und schwere, nährende Cremes verzichtet man, da sie die Poren verstopfen, die Hautatmung behindern und die Haut ermüden.

SCHÖNHEITSPFLEGE

Trockene Haut ist feinporig, wird leicht spröde und neigt zu Schuppen- und vorzeitiger Faltenbildung. In nicht seltenen Fällen ist sie auf eine Entfettung durch alkoholhaltige Kosmetika zurückzuführen, wobei der natürliche Schutzfilm der Haut beschädigt wurde und die Haut austrocknet. Trockene Haut benötigt vor allem Fettcremes, welche aber keine synthetischen Duftstoffe enthalten dürfen, damit die für Entzündungen und Ekzeme anfällige Haut nicht gereizt wird.

Normale Haut ist geschmeidig, elastisch, verhältnismäßig reizunempfindlich und bedarf keiner speziellen rücksichtsvollen Behandlung, was aber eine vernünftige Pflege nicht ausschließt.

Was man tun kann

1. Um die Haut gut versorgen zu können, benötigt der Organismus Nährstoffe, Vitamine, Mineralstoffe und Spurenelemente, die Sie mit der täglichen Ernährung zuführen müssen: vollwertige, nicht raffinierte Kohlenhydrate, Proteine, hauptsächlich pflanzlichen Ursprungs, Fette, darunter reichlich ungesättigte Fettsäuren wie in kaltgepreßten, naturbelassenen Pflanzenölen, Vitamine, Mineralstoffe, Spurenelemente, bevorzugt in frischem Obst, Salaten und rohem Gemüse.
2. Die Haut benötigt zu ihrem Eigenschutz, für ihre Gesundheit und für reibungslose Stoffwechselvorgänge Vitamin A bzw. Provitamine A (die Vorstufen oder Bausteine für das Vitamin A). Während Vitamin A nur in tierischen Produkten vorkommt, u. a. in Milch und Milchprodukten, Butter und Eigelb, finden wir Provitamin A nur in Vegetabilien wie beispielsweise in Aprikosen, Salat, Tomaten und Karotten.
3. Mangelerscheinungen der Haut beugen Sie mit Vitamin B 2 vor. Es ist u. a. in Bierhefe, Vollgetreide, Knäckebrot, Nüssen und Grünblattgemüse enthalten.
4. Vitamin P (C 2 oder Rutin) verhindert das Aufplatzen von Äderchen. Es ist enthalten in Apfelsinen, Zitronen, Orangen, Johannisbeeren, Heidelbeeren und Paprikaschoten.
5. Besondere Hautvitamine sind ferner E und C. Vitamin E ist reichlich in Getreidekeimen, Vollkornprodukten, Soja, Erdnüssen, Brunnenkresse und naturbelassenen Pflanzenölen enthalten. Vitamin C findet sich reichlich in Petersilie, Kartoffeln, Zitrusfrüchten, Äpfeln, Johannisbeeren, Kresse und Paprikaschoten.

SCHLANKHEITSDIÄT

Entschlackung

Aller Anfang ist schwer, so auch der erste Tag einer Schlankheitsdiät. Er soll dazu dienen, den Körper von Giftstoffen zu befreien.
Sooft Sie das Gefühl haben, etwas essen zu müssen, trinken Sie das unten beschriebene Getränk.
1 EL Zitronensaft (eine halbe Zitrone)
1 EL Melasse
1/2 l warmes Wasser (entweder abgekochtes oder leichtes Mineralwasser ohne Kohlensäure)
Anschließend spülen Sie bitte gründlich den Mund aus, weil Melasse und Zitrone nicht lange auf den Zähnen bleiben sollten.
Wahrscheinlich werden Ihnen dieser Entschlackungstag und das Fasten recht schwerfallen. Sie sollten ihn möglichst nicht überspringen, sich aber für den Beginn der Kur einen Tag aussuchen, an dem Sie keinen körperlichen oder seelischen Belastungen ausgesetzt sind.

YOGA-ÜBUNGEN

Kopf und Gesicht

Die Übungen für den heutigen Tag dienen dem Abbau von Spannungen im Gesicht und der gleichzeitigen Straffung.

Die Atemübung für heute ist die *Schönheits-Atmung:*
1. Setzen Sie sich bequem in den Schneidersitz. Ausatmen.
2. Erheben Sie die Arme, wobei Sie tief einatmen.
3. Beugen Sie sich aus der Taille heraus vornüber und halten Sie dabei den Atem an.
4. Verharren Sie so 5 Sekunden.
5. Atmen Sie aus, wobei Sie sich wieder aufrichten.
6. Senken Sie die Arme und entspannen Sie sich.
7. Wiederholen Sie die Übung vier- bis fünfmal.

Rumpfbeuge im Stehen

Eine herrliche Übung zum Aufwärmen, denn sie fördert die Durchblutung des Kopfes, wirkt gegen die Falten, für den Teint und vermittelt das Gefühl geistiger Wachsamkeit.

Ausführung:
1. Stellen Sie sich mit leicht geöffneten Füßen hin.
2. Erheben Sie ganz langsam die Hände über den Kopf (Abb. 1).
3. Beugen Sie sich von der Taille aus nach vorn, lassen Sie dabei zuerst den Kopf vornüberfallen und rollen dann Wirbel für Wirbel ab, bis es nicht mehr weitergeht.
4. Halten Sie die Arme neben den Ohren und lassen Sie den Oberkörper ein paar Sekunden lang durch sein eigenes Gewicht nach unten hängen (Abb. 2).
5. Greifen Sie nach den Knöcheln oder Beinen, was Sie mühelos fassen können. Pressen Sie das Kinn an den Hals.
6. Biegen Sie die Ellbogen nach außen und strecken Sie sich sanft nach unten und innen, indem Sie versuchen, mit der Stirn die Knie zu berühren (Abb. 3).
7. Verharren Sie 5 bis 30 Sekunden in dieser Stellung.
8. Richten Sie sich ganz langsam wieder auf. Lassen Sie dabei die Arme an den Ohren und rollen Sie Ihre Wirbelsäule wieder zurück.
9. Wiederholen Sie die Übung zweimal.

YOGA-ÜBUNGEN

So ist es richtig:
Machen Sie keine ruckartigen Bewegungen, um mit der Stirn näher an die Knie zu kommen.
Kümmern Sie sich weniger darum, wie weit die Hände vom Boden entfernt sind als darum, wie weit die Stirn von den Knien weg ist.

Abb. 1   Abb. 2   Abb. 3

YOGA-ÜBUNGEN

Löwe

Die Übung wirkt auf das ganze Gesicht entspannend. Glättet Fältchen, indem sie die Muskeln des Gesichtes, des Halses und auch der Kehle strafft.

Ausführung:
1. Knien Sie sich hin, das Gesäß auf den Fersen. Hände liegen mit den Handflächen nach unten auf den Schenkeln (Abb. 4).
2. Spreizen Sie die Finger und lassen Sie sie langsam nach vorn gleiten, bis die Fingerspitzen den Boden berühren.
3. Beugen Sie den Körper nach vorn, das Gesäß von den Fersen hoch, die Arme sind durchgedrückt (Abb. 5).
4. Reißen Sie die Augen weit auf.
5. Strecken Sie die Zunge so weit wie möglich heraus. Versuchen Sie, mit der Zunge bis an das Kinn zu kommen (Abb. 6).
6. Verharren Sie so 15 Sekunden lang.
7. Setzen Sie sich wieder auf die Fersen, ziehen Sie die Zunge ein und entspannen Sie vollkommen.
8. Wiederholen Sie diese Übung zweimal.

So ist es richtig:
Strecken Sie die Zunge ganz weit heraus, damit sie richtig gedehnt wird. Lassen Sie sich nicht von dem Gefühl irritieren, Sie hätten einen Knebel im Mund. Das ist nur anfangs.
Machen Sie diese Übung auch mit geschlossenen Augen zur Sonne hin. Genießen Sie das herrliche Gefühl der Entspannung, wenn Sie sich zurücksetzen.

YOGA-ÜBUNGEN

Abb. 4

Abb. 5

Abb. 6

YOGA-ÜBUNGEN

Lächeln

Die Übung strafft alle Muskeln von der Brust bis hoch zur Stirn.

Ausführung:
1. Cremen Sie sich um die Augen herum leicht ein (Öl oder Creme), damit Sie keine Falten bekommen.
2. Pressen Sie die Handballen seitlich neben die Augen, damit sich keine Krähenfüße bilden können (Abb. 7).
3. Öffnen Sie den Mund ungefähr drei Zentimeter weit und lächeln Sie jetzt, indem Sie die Oberlippe und die Wangenmuskeln gleichzeitig nach oben ziehen (Abb. 8).
4. Ziehen Sie die Mundwinkel nach oben und verharren Sie so 4 Sekunden.
5. Spannen Sie die Halsmuskulatur an und verharren Sie so weitere 4 Sekunden (Abb. 9).
6. Entspannen Sie sich.
7. Wiederholen Sie diese Übung achtmal.

So ist es richtig:
Machen Sie diese Übung, um die vielen Gesichtsmuskeln anzuziehen und zu entspannen; das entwickelt sie und strafft das Gewebe.
Lächeln Sie regelmäßig vor dem Frühstück oder vor dem Schlafengehen und wann immer Sie Zeit dazu finden.
Drei weitere Übungen, die ausgezeichnet zur Durchblutung und Entspannung des Gesichtes geeignet sind, finden Sie bei späteren Tagesprogrammen.
Pflug (am 2. Tag)
Gegrätschte Beinstreckung im Stehen (am 12. Tag)
Kerze (am 2. Tag)

YOGA-ÜBUNGEN

Abb. 7

Abb. 8

Abb. 9

INNERE EINSTELLUNG

Einführung in die Meditation

Meditation wird als »besinnliche Betrachtung« definiert, als eine Nabelschau, womit nicht nur der eigene Mittelpunkt, sondern der Mittelpunkt aller Dinge gemeint ist. Diese an sich zweckfreie Beschäftigung führt zu einer Bewußtseinserweiterung, zu neuer Selbsterkenntnis und weist den Weg zur Selbstverwirklichung. Beschreitet man ihn, so werden drei Stufen notwendig sein: Konzentration, verbunden mit einer plastischen Vorstellungsgabe, Versenkung oder Kontemplation und schließlich die über den Dingen stehende Heiterkeit der Meditation, bei der man sich im Einklang mit dem Universum fühlt.
In diesen vierzehn Tagen werden wir uns in bescheidenen kleinen Schritten der inneren Einstellung nähern, auf der die Meditation aufbaut. Dabei können die angegebenen Übungen mit den Fingerübungen verglichen werden, die zum täglichen Programm eines Meisterpianisten gehören. Er unterzieht sich dieser zeitraubenden Fleißarbeit mit ungeteilter Konzentration; würde er in seinem Bemühen nachlassen, so verlöre er die Fingerfertigkeit, die technische Perfektion, mit der er erst die musikalische Vollkommenheit eines Werkes zum Ausdruck bringen kann.
Vergleichen wir die Seele mit einem Konzertflügel, so wird das Bild einer Verstimmung, einer Mißstimmung deutlich. Wird das Instrument noch großer Hitze und Kälte ausgesetzt, so nimmt die Verstimmung zu. Um die ganze Klangfülle wiedergeben zu können, muß es wohltemperiert sein. Auf den menschlichen Geist übertragen, muß er aus der Alltagshektik herausgelöst werden. Das geschieht am einfachsten dadurch, daß er auf ein Ziel, einen Punkt gelenkt, konzentriert wird.

Nehmen wir als erste Konzentrationsübung die Stellung »Zusammengerolltes Blatt« ein, wie sie im Übungsprogramm des 14. Tages beschrieben ist. Lassen Sie sich nun völlig gehen. Spüren Sie intensiv, wie der Körper den Boden berührt, in ihn förmlich hineinsinkt. Entspannen Sie sich ganz. Lauschen Sie dem Rhythmus nach, mit dem sich die Brust beim Atmen gegen die Oberschenkel bewegt. Konzentrieren Sie alle Gedanken auf die Gleichmäßigkeit des Ein- und Ausatmens. Lassen Sie die Luftströme bewußt in die Lungen fließen und wieder aus den Lungen heraustreten. Ihr ganzes Dasein besteht nur noch aus dem Ein und Aus des Atmens, dem Kreislauf des Lebens. Lassen Sie die Gedanken nicht abschweifen, und verharren Sie in der Stellung, solange sie ihnen bequem ist.

SCHÖNHEITSPFLEGE

Der zweite Tag

Gesichtsreinigung

Jede Hautpflege beginnt mit der Reinigung. Sie ist allabendlich durchzuführen, um die abgestorbenen Zellen, Staub- und Schmutzpartikeln zu entfernen, die die Atmung und normale Funktion der Haut beeinträchtigen.
Zweifellos muß das Säubern mit schonenden Mitteln geschehen, damit die natürlichen Verhältnisse der Haut nicht gestört werden. Ob nun die Verwendung von Seife nützlich oder schädlich dabei ist, bleibt umstritten und muß selbst festgestellt werden. Bei der Gesichtsreinigung mit Seife sollten Sie aber nur Babyseifen benützen, da sie die Haut vor zu starker Entfettung schützen. Die Schönheit Ihrer Gesichtshaut hängt aber nicht nur von der regelmäßigen Reinigung ab. Hautunreinheiten haben vielfach eine innere Ursache, wie beispielsweise eine ungenügende Entschlackung von organischen Abfallstoffen.
Deshalb ist bei einer Schönheitskur eine gründliche Reinigung von innen heraus erforderlich:

Was man tun kann
1. Make-up mit entsprechenden Produkten oder Olivenöl entfernen.
2. Mit Seife und viel Wasser oder flüssigen Reinigungsemulsionen die Haut von Absonderungen und Schmutzpartikeln befreien.
3. Danach die Haut mit einem leicht adstringierenden Mittel behandeln oder mit einer Zitronenscheibe abreiben.
4. Machen Sie einmal wöchentlich ein Gesichtsdampfbad, wofür Sie Kamille aufbrühen können.

Die Haut unterliegt von innen her einer ständigen Erneuerung, wobei die in der Basalschicht entstehenden Zellen zur Oberhaut hochsteigen, absterben und aneinanderklebend die Hornschicht bilden, bis sie durch den Druck der nachrückenden, absterbenden Zellen abblättern (Exfoliation). Da sich dieser Abblätterungsprozeß aber bereits mit der Pubertät verlangsamt, sich die jeweils zuoberst aufliegende Zellschicht für die nachrückende nicht mehr rasch genug löst, wird die Hornschicht dikker, und die Haut kann nicht mehr so gut atmen.
Aus diesem Grund empfiehlt sich eine leichte Schälkur, die Sie einmal wöchentlich oder jede zweite Woche mit Seesand oder Seesand-Mandelkleie anwenden.

Die leichte Schälkur
Befeuchten Sie das Gesicht und reiben Sie in kreisenden Bewegungen die Haut mit Seesand oder Seesandmandelkleie, bis Sie die stärkere Durchblutung spüren und sich das aufgetragene Mittel fettig anfühlt. Anschließend gründlich mit Wasser abspülen und in die feuchte Haut naturbelassenes Weizenkeim- oder Sonnenblumenöl einklopfen.

SCHLANKHEITSDIÄT

Aufbaukost

Nach der vierundzwanzigstündigen Entgiftungskur sollten Sie etwas leicht Verdauliches essen. Frisches Obst und rohes Gemüse, da seine Ballaststoffe die Verdauung anregen. Dazu dürfen Sie Kräutertees trinken. Außer ihnen und Wasser (am besten leichtes und kohlensäurefreies Mineralwasser) sind während der Diät keine Getränke außer den vorgeschriebenen erlaubt.
Um Ihnen das Durchhalten der Schlankheitsdiät zu erleichtern, können Sie die »Kühlende Atmung« anwenden, die Sie unter den heutigen Yoga-Übungen finden. Sie hilft gegen Hunger.
Je kleiner das zu benutzende Eßgeschirr ist, desto größer erscheinen Ihnen die Portionen, die Sie nicht weniger liebevoll als sonst und auf einem schön gedeckten Tisch servieren sollten. Vermeiden Sie während der Kur Essenseinladungen und ziehen Sie nach Möglichkeit auch keinen Menschen ins Vertrauen. Es gibt immer Wohlmeinende, die Ihnen erklären werden, Sie hätten das gar nicht nötig. Auftretenden Hungergefühlen zwischendurch wirken Sie entgegen, wenn Sie sich mit Dingen beschäftigen, auf die Sie sich stark konzentrieren müssen. Sollten Sie sich aber trotzdem einmal einen kulinarischen Fehltritt erlaubt haben, halten Sie den Tag nicht für verloren, sondern reduzieren Sie die restlichen Mahlzeiten. Karotten oder Gurkenscheiben überbrücken oft den ärgsten Hunger, und eine Tasse Bouillon vor Tisch stillt den Hunger bereits. Wenn Sie jeden Bissen lange und ausgiebig kauen, sorgen Sie nicht nur für eine gute Verdaulichkeit, sondern trainieren auch die Gesichtsmuskeln.

Tagesmenü

Frühstück:	1 Schüssel frische, gemischte Früchte (Melone, Beeren, Pfirsiche, Ananas, Grapefruit, Orangen, Papaya oder Äpfel)
2. Frühstück	1/2 l Gemüsesaft oder 1/2 Melone
Mittagessen:	1/2 l Tomatensaft 1 Joghurt (ohne jede Zusätze, ohne Zucker, nur ein bißchen Honig ist erlaubt)
Nachmittag:	1/2 l Gemüsesaft
Abendessen:	Rohkostsalat, so viel Sie wollen, bestehend aus Karotten, Rüben, Kohl, Schnittlauch, Petersilie, mit 1/2 EBl. Öl und Essig
Betthupferl:	1 mittelgroßer Apfel oder 1/2 Melone

YOGA-ÜBUNGEN

Gewichtsabnahme

Die heutigen Übungen unterstützen das Abnehmen. Fangen Sie mit der Kerze an, machen Sie dann den Pflug und zuletzt den Fisch.
Die Atemübung für heute ist die *Kühlende Atmung.* Sie hilft bei hohem Fieber, zum Abgewöhnen des Rauchens und zur Verminderung des Appetits.
1. Setzen Sie sich mit geradem Rücken in den Schneidersitz.
2. Formen Sie eine Rinne mit der Zunge und strecken Sie sie dann leicht heraus. Nehmen Sie einen Bleistift oder den kleinen Finger, um die Zunge darum zu rollen. Ausatmen.
3. Holen Sie langsam Luft durch diese Rinne, zischen Sie dabei etwas.
4. Halten Sie 1 bis 5 Sekunden lang den Atem an.
5. Atmen Sie durch die Nase aus, wobei Sie den Bauch einziehen.
6. Wiederholen Sie die Übung fünfmal.

So ist es richtig:
Üben Sie diese Atmung, bevor Sie krank werden, dann beherrschen Sie sie, wenn Sie Fieber haben.
Atmen Sie nicht zu kräftig ein, sondern langsam und beständig, wobei Sie Brustkasten und Bauch ausdehnen.

YOGA-ÜBUNGEN

Kerze

Bei der Kerze wird das Kinn gegen die Schilddrüse gedrückt. Das hat eine regulierende Wirkung und hilft dabei, sowohl ab- als auch gegebenenfalls zuzunehmen. Diese Übung befreit die Bauchorgane vom gewöhnlichen Druck dadurch, daß der Körper umgekehrt wird (Umkehrübung!), was sich positiv auf die Verdauung auswirkt, den Körper von Giftstoffen befreit und die Energie erhöht.

Ausführung:
1. Legen Sie sich mit ausgestreckten Beinen auf den Boden. Die Arme liegen mit den Handflächen nach unten dicht am Körper.
2. Heben Sie unter Anspannung der Bauch- und Beinmuskulatur langsam die Beine, bis sie einen rechten Winkel zum Boden bilden.
3. Stützen Sie sich auf die Fingerspitzen, die Sie wie ein Zelt formen (Abb. 10).
4. Heben Sie das Gesäß und den unteren Teil des Rückens hoch. Stützen Sie sich jetzt mit den Händen in der Taille ab, die Daumen zum Bauch hin. Die Ellbogen müssen dicht am Körper bleiben (Abb. 11).
5. Strecken Sie die Beine kerzengerade aus und ziehen Sie, soweit es Ihr Gleichgewicht erlaubt, das Gesäß ein.
6. Sobald Sie ausbalanciert sind, stützen Sie sich mit den Händen weiter oben an den Rippen ab und ziehen das Gesäß noch mehr ein (Abb. 12).
7. Strecken Sie die Beine und die Zehenspitzen ganz nach oben. Am Anfang verharren Sie 10 bis 30 Sekunden in dieser Stellung. Steigern Sie sich allmählich bis zu drei Minuten. Atmen Sie während dieser Zeit normal.

So ist es richtig:
Haben Sie ein bißchen Geduld mit sich. Das Wichtigste ist, daß Sie überhaupt hochgekommen sind, auch wenn es nicht kerzengerade war.
Machen Sie sich keine Gedanken, wenn Sie anfangs ein leichtes Schwindelgefühl spüren. Das ist durchaus normal und kommt daher, daß die Blutgefäße sich plötzlich erweitern.

YOGA-ÜBUNGEN

Abb. 10

Abb. 11

Abb. 12

YOGA-ÜBUNGEN

Pflug

Die Übung stimuliert die Schilddrüse, stärkt und festigt Unterleib und Schenkel, strafft Hüften und Busen und hilft bei der Verödung von Krampfadern und geplatzten Äderchen.

Ausführung:
1. Legen Sie sich mit ausgestreckten Beinen auf den Rücken, die Arme am Körper nach unten.
2. Heben Sie langsam die Beine unter Anspannung der Bauch- und Beinmuskulatur hoch.
3. Stützen Sie sich mit den Fingerspitzen ab und heben Sie das Gesäß und den unteren Teil des Rückens hoch (Abb. 13).
4. Schieben Sie die Beine über den Kopf und versuchen Sie, mit den Zehen den Boden zu berühren. Sie müssen dabei in der Taille einknicken. Halten Sie die Knie schön gestreckt (Abb. 14).
5. Auch wenn Ihre Füße nicht bis zum Boden kommen, verharren Sie so lange, bis es Ihnen unbequem wird, wenn möglich eine Minute lang.
6. Atmen Sie normal.
7. Beenden Sie langsam die Stellung, indem Sie Ihre Knie beugen. Wenn die Beine in der Senkrechten angelangt sind, strecken Sie sie wieder aus.
8. *Variation:* Bevor Sie aus der Stellung herausgehen, spreizen Sie die Beine ganz weit, aber vergessen Sie nicht, sie auch dabei gerade zu halten (Abb. 15).

So ist es richtig:
Lassen Sie sich nicht entmutigen, wenn Sie das Gesäß nur ein paar Zentimeter vom Boden hochbekommen. Gehen Sie nur so weit, wie Sie können, verharren Sie dort, und wiederholen Sie das ein paarmal. Das Verharren in dieser Stellung kräftigt bereits die Muskeln.
Achten Sie darauf, daß die Knie durchgedrückt sind. Heben Sie nicht den Kopf, wenn Sie Ihre Füße wieder auf den Boden zurückbringen.
Falls Sie ein Gefühl der Atemlosigkeit empfinden, dann stützen Sie Ihre Beine auf einen niedrigen Schemel hinter sich. Dieses Gefühl verliert sich, je mehr Sie mit dieser Übung vertraut werden.

YOGA-ÜBUNGEN

Abb. 13

Abb. 14

Abb. 15

YOGA-ÜBUNGEN

Fisch

Die Übung stimuliert die Schilddrüse, stärkt Brustkorb und Büste und ist geeignet, Spannungen abzubauen. Durch die Begradigung der Luftröhre hilft sie Menschen mit Atemschwierigkeiten.

Ausführung:
1. Legen Sie sich mit ausgestreckten Beinen auf den Boden. Die Hände liegen mit den Handflächen nach unten halb unter dem Gesäß (Abb. 16).
2. Verlagern Sie das Gewicht auf die Ellbogen und heben Sie den Brustkorb, indem Sie ein Hohlkreuz machen.
3. Beugen Sie gleichzeitig den Kopf so weit Sie können zurück, bis Sie mit dem Scheitel fest auf dem Boden ruhen (Abb. 17).
4. Verlagern Sie das Gewicht jetzt so, daß die Hauptlast vom Gesäß getragen wird.
5. Verharren Sie 5 bis 50 Sekunden in dieser Stellung oder bis es Ihnen unbequem wird. Atmen Sie normal.
6. Kommen Sie ganz langsam aus der Stellung heraus und wiederholen Sie die Übung zweimal.

So ist es richtig:
Achten Sie darauf, daß das Gewicht hauptsächlich vom Gesäß und den Ellbogen getragen wird. Die Beine müssen vollkommen gestreckt bleiben.

Drei andere Übungen, die hervorragend zum Abnehmen geeignet sind:
Hüftbeuge (am 10. Tag)
Halbe Heuschrecke (am 9. Tag)
Gegrätschte Beinstreckung im Stehen (am 12. Tag).

YOGA-ÜBUNGEN

Abb. 16

Abb. 17

INNERE EINSTELLUNG

Konzentration auf eine Aufgabe

Die Wortbedeutung von Yoga ist »Joch« oder »Vereinigung« – die Vereinigung von Körper, Seele und Geist. In einem ungeübten Menschen sind diese drei nicht in ein Joch geschirrt und ziehen in eine Richtung, sondern sie streben auseinander. Als ganzheitliche Lehre läßt Yoga jedem die Wahl der Mittel, je nach Veranlagung und Temperament. Fünf Yogaformen sind meditativ, die sechste, Raja Yoga, nur zur Hälfte. Die andere Hälfte, Hatha Yoga, ist die Körperschule, auf der die Übungen dieses Buches basieren. Ursprünglich war Hatha-Yoga eine Methode zum Erlernen der Körperbeherrschung als Vorstufe für die geistige Disziplin. Zuerst soll der Körper lebenssprühend gesund gemacht und als nächstes seine Ruhelosigkeit, seine Triebe und Funktionen unter Kontrolle gebracht werden.

In der Meditation kommt das Konkrete mit dem Abstrakten in Übereinstimmung, die Materie mit dem Geist, das eigene Ich mit dem Universum. Meditation ist keine Frage der Religion, sondern das Nach-innen-Wenden der Aufmerksmakeit. Es muß ergründet werden, wie der eigene Geist arbeitet. Zum Anfang legen Sie alle verfügbare Energie in die Tätigkeit, die Sie gerade ausüben. Meditation erfordert eine Menge Übung, aber im Gegensatz zu anderen Übungen bringt sie dabei bereits eine spürbare Erholung.

Heute beginnen wir mit einer sehr befriedigenden Technik für Anfänger, nämlich sich auf eine Aufgabe zu konzentrieren. Nehmen wir zum Beispiel Geschirrwaschen. Gehen Sie mit Freude an die Arbeit, auch wenn Sie sie sonst vor sich herschieben. Legen Sie die ganze Persönlichkeit in die Aufgabe, Ihre liebevolle Sorgfalt. Genießen Sie die modernen Hilfsmittel, die Ihnen zur Verfügung stehen, fließendes heißes Wasser, Spülmittel und andere hilfreiche Geräte und Gegebenheiten. Bewundern Sie bei jedem Teller, wie spiegelnd glatt er ist, bei jedem Glas, wie es funkelt. Konzentrieren Sie sich bei jedem Stück darauf, es makellos sauber zu bekommen. Freuen Sie sich über das perlende Wasser, das darüberfließt. Arbeiten Sie zügig, aber genau.

Genießen Sie die griffige Rauheit des Abtrockentuchs. Denken Sie an nichts anderes als an das Geschirrwaschen. Verbannen Sie jeden anderen Gedanken, der sich einschleicht, denn die Konzentration ist die erste Sprosse der Leiter des Erfolgs, die Sie erklimmen wollen.

SCHÖNHEITSPFLEGE

Der dritte Tag

Die Haut und Feuchtigkeitsbedarf – Masken

Die Schönheit der Haut hängt direkt von ihrem Feuchtigkeitsgehalt ab. Junge Haut wirkt frisch, ist elastisch und glatt. Sie weist einen normalen bzw. hohen Anteil an Feuchtigkeit auf. Mit zunehmendem Alter aber verliert die Haut an Feuchtigkeit und Spannkraft. Es kommt zu Runzel- und Faltenbildungen.

Diesen normalen Alterungsprozeß der Haut kann man mit Hilfe einer gesunden Lebens- und Ernährungsweise sowie durch eine sorgsame Hautpflege hinauszögern oder verlangsamen, aber ebenso begünstigen und beschleunigen. Schädlich sind zum Beispiel eine vitalstoffarme Kost, Alkohol und Nikotin, wenig Schlaf und wenig frische Luft. Es spielt dabei aber auch eine Rolle, welchen Hauttyp Sie haben. Während fette Haut nicht so rasch Falten bildet, weil sie u. a. durch eine starke Talgdrüsensekretion geschmeidig erhalten bleibt, neigt trockene und von außen entfettete Haut stark zu Runzeln und Falten.

Neben der Vielzahl an schädigenden äußerlichen Faktoren, die für das frühzeitige Altern der Haut verantwortlich zu machen sind, sind intensive Sonnenbäder besonders gefährlich. Daß Sonne lebensnotwendig ist, wissen wir alle. Maßvoll genossen regt sie den Stoffwechsel an, trägt zur Bildung roter Blutkörperchen bei und läßt das lebenswichtige Vitamin D in der Haut entstehen. Wer sich nun aber bewegungslos lange der prallen Sonne aussetzt, denkt weniger an seine Gesundheit, sondern vielmehr an eine möglichst tiefe Bräune. Was viele unter einer »schönen«, echten Bräune verstehen, kann allerdings nur über den Weg der Zellzerstörung erreicht werden. Die Haut wird nicht getönt, sondern verbrannt, und die Folge ist die Degeneration des Bindegewebes der Unterhaut, eine Tatsache, an der auch die Verwendung von Sonnencremes oder Ölen kaum etwas ändert.

SCHÖNHEITSPFLEGE

Man möchte nun annehmen, daß man den Verlust der Hautfeuchtigkeit – egal worauf er zurückzuführen ist – mit Feuchtigkeit von außen, also Wasser, wieder zuführen kann. Jedoch ist die Haut nur bedingt in der Lage, Wasser als solches aufzunehmen. Deshalb beruht die Wirkung feuchtigkeitsspendender Präparate darauf, daß die Haut bestimmte Wirkstoffe erhält, die ihren Zellstoffwechsel günstig beeinflussen oder normalisieren.

Unter der Vielzahl solcher Produkte sollten Sie jenen Cremes oder Masken mit Obsthormonextrakten den Vorrang einräumen. Berechtigterweise werden aber auch wieder natürliche Produkte wie frisches Obst oder Gemüse für kosmetische Zwecke geschätzt, um die Haut mit wertvollen Substanzen zu versorgen.

Was man tun kann
1. Vermeiden Sie stark entfettende Hautpräparate, die die Haut auslaugen.
2. Wenn Sie sich der Sonne – natürlich nur in vernünftigen Maßen – aussetzen, müssen Sie ein Präparat auftragen, das den Eigenschutz der Haut verstärkt und nicht nur für eine rasche und tiefe Bräunung sorgt.
3. Um die Fettung der Haut durch die Talgdrüsen anzuregen, massieren Sie in die normale oder trockene Haut Weizenkeim- oder Sonnenblumenöl ein.
4. Naturbelassenes Öl eignet sich aber auch als allgemeines Schönheits- und Regenerationsmittel bei Runzel- und Faltenbildungen. Außerdem hat es eine hervorragende Wirkung bei Verbrennungen.

SCHLANKHEITSDIÄT

Ratschläge

Um ein halbes Kilogramm Körpergewicht zu verlieren oder abzubauen, müssen im Organismus 3500 Kalorien verbraucht werden. Je mehr Übergewicht man hat, desto mehr Kalorien lassen sich abbauen, auch durch Übungen, die außerdem noch helfen, den Appetit zu vermindern.

Kalorienarme Gemüse, die man zwischen den Mahlzeiten naschen darf, sind beispielsweise Selleriestangen, Karotten, Gurken, Pilze, Zucchini, Kohlrabi, Petersilie, Spargel, Sauerkraut, Schnittlauch, Kohl und grüner Salat. Da natürlich auch Gemüse Kalorien hat, wird man nicht gedankenlos Unmengen in sich hineinstopfen.

Das Frühstück sollte immer so zusammengestellt sein, daß es eine gute Grundlage für den Tag bildet, so daß der Blutzuckerspiegel ausreichend steigt und genügend Energie vorhanden ist. Melonen wurden wegen ihres hohen Gehaltes an Kalium ausgewählt, das den Wasserhaushalt des Gewebes reguliert. Da Melonen aber hierzulande mehr oder weniger saisonbedingt sind, können Sie diese durch einheimische oder das ganze Jahr über zur Verfügung stehende und ebenfalls an Kalium reichhaltige Sorten ersetzen. Dazu zählen Äpfel, Birnen, Trauben, Aprikosen, Kürbisse und auch Datteln.

37

SCHLANKHEITSDIÄT

Tagesmenü

Frühstück:
1 Teel. Hefeflocken, in
1 Glas Orangensaft gerührt
1 verlorenes oder weichgekochtes Ei
1 Tasse Magermilch

2. Frühstück:
1 Eßl. Honig oder
1/2 Banane und
1 Eßl. Kokosflocken

Mittagessen:
1 Tasse Gemüsesuppe
3/4 Tasse Thunfisch oder Brunnenkresse
oder Salat mit Zitronensaft
6 eisgekühlte Spargelspitzen
2 dünne Weizenkekse

Nachmittag:
1 mittelgroßer Apfel oder
1/2 Melone

Abendessen:
1/2 Tasse Yoghurt und 1 Teel. Honig über einen Früchtebecher, bestehend aus 1 Orange, 1/2 Grapefruit und
1/2 Banane gießen

Betthupferl:
1 Hühnerbrust oder
1 dünne Scheibe Roastbeef

YOGA-ÜBUNGEN

Nacken und Kinn

Die heutigen Übungen sollen Nacken und Kinn verschönern und die Spannungen abbauen, die gerade in der Nackengegend oft auftauchen.
Die Atemübung für heute ist die *Tiefatmung:*
1. Setzen Sie sich bequem in den Schneidersitz oder auf einen Stuhl.
2. Aufrecht sitzen; dadurch wird auch der Brustkorb frei und Sie können leichter atmen. Ausatmen.
3. Atmen Sie ganz langsam, tief und bewußt durch die Nase ein.
4. Nehmen Sie sich 5 Sekunden Zeit, um die untere Lungenhälfte mit Luft zu füllen, wobei Sie Rippen und Bauch weit ausdehnen.
5. Konzentrieren Sie sich darauf, in den nächsten 5 Sekunden den oberen Teil der Lungen zu füllen; dabei dehnt sich die Brust aus und der Bauch wird straff.
6. Halten Sie 1 bis 5 Sekunden lang den Atem an.
7. Atmen Sie ganz langsam aus, bis die Lungen vollkommen leer sind.
8. Wiederholen Sie vier- bis fünfmal.

So ist es richtig:
Stellen Sie einen gleichmäßigen Rhythmus für Einziehen und Ausdehnen des Bauchs her; dadurch fördern Sie die Regelmäßigkeit beim Atmen. Wenn Sie die Tiefatmung beherrschen, dann versuchen Sie, lautlos zu atmen.
Sitzen Sie nicht leger. Der Brustkorb muß vollkommen aufrecht sein. Beginnen Sie immer mit Ausatmen. Konzentrieren Sie sich ganz auf das Atmen. Sie können die Augen schließen, das hilft bei der Konzentration und bereitet Sie auf die Meditation vor.
Dehnen Sie den Bauch beim Einatmen ganz aus und ziehen Sie ihn beim Ausatmen tief ein. Schnaufen Sie nach dem Ausatmen noch einmal kurz aus, um die verbrauchte Restluft auszustoßen.

YOGA-ÜBUNGEN

Katzen-Streckung

Eine ausgezeichnete Yoga-Übung, um warm zu werden. Sie ist gut für Rücken und Brust und festigt die Nacken- und Kinngegend.

Ausführung:
1. Knien Sie auf allen vieren.
2. Rollen Sie sich leicht nach hinten. Gehen Sie mit Ihrem Brustkorb nach vorn und unten, als wollten Sie damit den Boden wischen. Versuchen Sie, den Kehlkopf auf den Boden zu legen (Abb. 18).
3. Verharren Sie 5 Sekunden so; fast Ihr gesamtes Gewicht ruht dabei auf den Armen.
4. Gehen Sie in die Ausgangsstellung zurück, und machen Sie jetzt einen Katzenbuckel (Abb. 19).
5. Verharren Sie so 5 Sekunden und entspannen Sie sich.
6. Drücken Sie jetzt den Rücken durch und heben Sie dabei den Kopf (Abb. 20).
7. Bringen Sie jetzt das rechte Knie in Richtung Kopf und versuchen Sie, ihn zu berühren. Verharren Sie so 5 Sekunden.
8. Strecken Sie jetzt das rechte Bein hinten hoch, halten Sie es gestreckt. Verharren Sie so, wobei Sie den Kopf hochheben. Die Arme sind ausgestreckt (Abb. 21).
9. Bringen Sie das Bein ganz langsam wieder zum Kopf zurück, verharren Sie.
10. Entspannen Sie, und wiederholen Sie die Übung mit dem anderen Bein.
11. Wiederholen Sie die ganze Übung noch einmal.

So ist es richtig:
Freuen Sie sich, wie sich Ihr Körper dehnt und streckt. Bewegen Sie sich langsam und anmutig. Lassen Sie sich nicht entmutigen, wenn Sie nicht gleich mit dem Knie an den Kopf kommen. Das kommt noch.

YOGA-ÜBUNGEN

Abb. 18

Abb. 19

Abb. 20

Abb. 21

YOGA-ÜBUNGEN

Unterstütztes Nacken-Rollen

Vermindert tief im Nacken sitzende Verspannung, bringt Erleichterung bei einem steifen Hals, oft auch bei Kopfschmerzen. Bei regelmäßiger Anwendung wird man damit sogar ein Doppelkinn los.

Ausführung:
1. Setzen Sie sich mit geradem Rücken an einen Tisch.
2. Legen Sie die Ellbogen vor sich auf den Tisch. Die Unterarme berühren sich von den Ellbogen bis zu den Handgelenken (Abb. 22).
3. Machen Sie mit den Händen eine Schale, legen Sie den Kopf hinein.
4. Die Handgelenke müssen zusammenbleiben, während Sie den Kopf langsam nach rechts drehen, bis die linke Seite des Kinns in der rechten Handfläche ruht. Die linke Handfläche stützt dabei den Kopf über dem linken Ohr (Abb. 23).
5. Drücken Sie dann sehr langsam mit der rechten Hand das Kinn nach rechts, als ob Sie den Kopf hochhieven wollten. Halten Sie den Druck einige Sekunden aus. Lassen Sie los, und wiederholen Sie zur anderen Seite.
6. Legen Sie die Hände mit gefalteten Fingern hinter den Kopf, stemmen Sie sich gegen den Druck, den Ihr Kopf nun nach hinten ausübt (Abb. 24).
7. Lösen Sie nach ein paar Sekunden die Stellung und wiederholen Sie die Übung dreimal.

Abb. 22 Abb. 23 Abb. 24

YOGA-ÜBUNGEN

Apfelbiß

Eine ausgezeichnete Übung, um die Nacken- und Kinngegend zu festigen und die Kiefergelenke geschmeidig zu machen.

Ausführung:
1. Stellen Sie sich einen saftigen roten Apfel vor, der direkt über Ihrem Kopf hängt.
2. Heben Sie langsam mit geschlossenen Lippen den Kopf, bis Sie zur Decke schauen (Abb. 25).
3. Öffnen Sie den Mund, so weit Sie können, versuchen Sie, in den Apfel zu beißen. Lassen Sie Arme und Schultern hängen (Abb. 26).
4. Spannen Sie Hals- und Gaumenmuskeln an. Entspannen Sie dann, indem Sie den Kopf nach vorn neigen (Abb. 27).
5. Wiederholen Sie diese Übung jeden Abend mindestens achtmal.

So ist es richtig:
Sperren Sie den Unterkiefer bei dieser Übung, so weit Sie nur können, auf, damit Ihr Hals ein Maximum an Nutzen erhält. Versuchen Sie unablässig, an den imaginären Apfel heranzukommen. Das tut dem Kinn gut.
Andere Übungen für die Nacken-Kinngegend sind:
Kobra (am 6. Tag)
Fisch (am 2. Tag)
Krähe (am 6. Tag)

Abb. 25

Abb. 26

Abb. 27

INNERE EINSTELLUNG

Sinneseindrücke ausschalten

Wir sind die Sklaven unserer flüchtigen Gedanken, unserer Ängste und unserer Wünsche, aller Sinneseindrücke, die wir aufnehmen. Manchmal wäre es direkt eine Erleichterung, sich unbewußt und gedankenlos treiben zu lassen. Dies ist eines der Ziele der Meditation, eine »Situation der Stille zu erschaffen«, wie Swami Snyam Acharya es nennt. Und weiter: »Meditation bietet denjenigen etwas, die ihre reale Umwelt, ihre familiären Bindungen und alles, was direkt zum Wohl des Daseins beiträgt, verbessern wollen. Sie sollen ihre Aufmerksamkeit von den Äußerlichkeiten des Lebens auf die inneren Werte des Menschen, der sich um jeden Preis weiterentwickeln und vollenden will, lenken... die Kräfte dürfen nicht durch zerstreute Gedanken vergeudet werden.«

Die Übung zum Ausschalten der Sinneseindrücke fördert die innere Sammlung dadurch, daß man die Sinnesorgane mit den Händen »versiegelt«. Auf diese Weise braucht der Anfänger seine Kräfte nicht zu zersplittern und die Eindrücke willentlich auszuschalten. Konzentrieren Sie sich bei dieser Atemübung auf das Hinein- und Herausströmen der Luft. Lassen Sie sich nicht durch Gedanken irritieren, die auf Sie eindringen; wenden Sie einfach die Aufmerksamkeit wieder dem Atem zu. Machen Sie so lange weiter, wie es Ihnen angenehm ist.

Ausführung:
1. Setzen Sie sich bequem, aber aufrecht in den Schneidersitz.
2. Heben Sie die angewinkelten Arme in Schulterhöhe, und legen Sie die Handflächen neben die Nase.
3. Schließen Sie die Augen, blicken Sie nach oben und legen Sie die Kuppen von Zeige- und Mittelfinger auf die Lider.
4. Mit den Ringfingern drücken Sie nun sanft gegen die Nasenflügel, die kleinen Finger liegen auf der Oberlippe.
5. Verschließen Sie mit den Daumen die Ohren, und drücken Sie nun sanft gegen Augenlider und Ohren.
6. Atmen Sie normal durch und konzentrieren Sie sich auf das Hinein- und Herausströmen der Luft. Denken Sie an nichts anderes.
7. Atmen Sie anfangs nur drei- bis viermal so ein und aus. Erhöhen Sie das Atemholen jede Woche um einen Atemzyklus, bis Sie 5 bis 10 Minuten lang alle Sinneseindrücke ausschalten können.

Diese Übung kann als Brücke zwischen Hatha Yoga und Meditation angesehen werden. Sie soll die Gedanken zur Ruhe bringen und den Blick nach innen wenden – denn Frieden ist nirgendwo sonst zu finden.

SCHÖNHEITSPFLEGE

Der vierte Tag

Hautproblem Akne

Ein sehr häufig auftretendes Hautproblem ist die Akne vulgaris. Es handelt sich hierbei um eine Hautkrankheit mit Komedonen, Knötchen und Pickeln, die vorwiegend im Gesicht lokalisiert sind und meist Narben hinterlassen. Die Akne ist nicht zuletzt deshalb so problematisch, weil ihre Ursachen noch nicht geklärt sind und sie deshalb auch nicht mit 100%igem Erfolg behandelt werden kann. Da diese Hauterkrankung jedoch vorwiegend in der Pubertät ausbricht, nimmt man mit Sicherheit einen Zusammenhang mit der inneren Sekretion (Hormondrüsen) an.
In jedem Fall gehört die Akne in die Behandlung eines Hautarztes, wobei sich die Therapie nicht allein auf äußerlich anzuwendende pharmazeutische Präparate beschränkt. In erster Linie müssen die Voraussetzungen für möglichst reibungslose Organfunktionen geschaffen werden, was nur durch eine gesunde und natürliche Ernährung geschehen kann.

SCHÖNHEITSPFLEGE

Was man tun kann
1. Suchen Sie einen Hautarzt auf und halten Sie sich im eigenen Interesse strikt an seine Anweisungen.
2. Verwenden Sie keine kosmetischen Produkte, die nicht auf das Hautproblem abgestimmt sind.
3. Verzichten Sie nach Möglichkeit auf Make-up.
4. Lassen Sie Ihre Finger vom Gesicht und drücken Sie nicht an Pickeln herum.
5. Als Antiseptikum zum Abtupfen der Pickel eignen sich besonders Kräuterabgüsse von Lavendelblüten oder Thymian.
6. Besonders zu empfehlen ist außerdem das Betupfen mit frischem Tomatensaft oder Scheiben.
7. Verwenden Sie für das Gesicht niemals Waschlappen oder Handtücher, sondern Zellstofftücher, die man nach dem einmaligen Gebrauch wegwirft.
8. Bei der vitamin-, mineralstoff- und spurenelementenreichen Ernährung, die Sie befolgen müssen, achten Sie vor allem auf die Zufuhr von
    a) Vitamin H (Biotin), das Hautentzündungen vorbeugt, enthalten in Leber, Milch und Salat;
    b) Provitamin oder Vitamin A gegen Entzündungen und Hautunreinheiten, enthalten in Karotten, Tomaten, grünem Salat, Hefe, Leber, Blütenpollen;
    c) Vitamin B 5 (Pantothensäure) bei Hautschäden und zur besseren Wundheilung, enthalten in Hefe, Leber, Weizenkeimen, Tomaten. Zur äußeren Behandlung gibt es Salbe mit Pantothensäure.
9. Führen Sie in regelmäßigen und kurzen Abständen eine vierwöchige Kur mit Bierhefe durch, wobei Sie täglich 3 Eßl. davon einnehmen.
10. Vernarbte und fleckige Haut betupfen Sie mit kaltgepreßtem, naturbelassenem Weizenkeimöl oder mit Apfelessig (1 Teil Apfelessig auf 8 Teile abgekochtes oder destilliertes Wasser).

SCHLANKHEITSDIÄT

Keime

Stünden Sie vor der hypothetischen Wahl, sich auf ein einziges Nahrungsmittel beschränken zu müssen, wären Sie gut beraten, wenn Sie sich für Keime entschließen würden. Keime sind der Kern allen pflanzlichen Lebens und enthalten alles, was eine Pflanze an Stoffen zum Wachsen braucht, aber auch dem menschlichen Organismus zugute kommt. Dabei eignen sich Keime sehr gut zur Anreicherung von Salaten und Rohkostplatten. Um die vitalstoffreichen Keime das ganze Jahr über zur Verfügung zu haben, setzen Sie Samen von Weizen, Sonnenblumen, Gartenkresse, Sojabohnen oder Buchweizen an.

Keimen
1. Die Keime einen Tag lang mit Wasser bedeckt an einem dunklen Ort stehen lassen und abgießen.
2. Danach ein- oder zweimal täglich mit lauwarmem Wasser abspülen und abtropfen lassen.
3. Sie können verwendet werden, sobald die Sprößlinge einen halben Zentimeter groß sind.

Die Keime sollten immer gut feucht, weder zu trocken noch zu naß stehen. Geeignet ist ein Marmeladenglas, über das ein Tuch (z. B. windelartiger Stoff) gespannt ist. So lassen sich die Keime schonend abspülen. An einem warmen Ort wachsen sie schneller, müssen aber öfter gespült werden.

Am einfachsten zu handhaben ist ein im Handel erhältliches Plastikgefäß mit verschiedenen Ebenen, in denen das Wasser in Rillen in dosierten Mengen an die Keime gelangt.

SCHLANKHEITSDIÄT

Tagesmenü

Frühstück:	1/2 Grapefruit 1/4 Tasse Getreideflocken mit Magermilch oder Ananasmixgetränk: 1 Tasse Ananassaft 1 Eßl. Magermilchpulver oder 1 Teel. Sojamehl 1 Teel. Hefeflocken 1 Teel. Weizenkeime 1 Ei oder 2 Teel. Sonnenblumenkerne
2. Frühstück:	1 Eßl. Erdnußbutter
Mittagessen:	Fruchtsalat aus 1/2 Banane, 1/2 Apfel, 1/2 Orange, Ananasstückchen 2 Eßl. Hüttenkäse, 1 Tasse Magermilch
Nachmittag:	10 Mandeln
Abendessen:	Grünen Salat oder 1 Tasse Brunnenkresse mit 1 geschnittenen mittelgroßen Tomate, 1/2 Eßl. Essig-Öl-Marinade 120 g Rindsleber
Betthupferl:	1 Banane oder 1/2 Melone

YOGA-ÜBUNGEN

Haltung

Die Übungen für den heutigen Tag gelten den Schultern und sollen die Haltung verbessern. Für eine gute Haltung und anmutige Bewegungen muß man entspannt und sehr ausgeglichen sein. Es ist wichtig, die Muskeln zu festigen.

Die Atemübung für heute ist der *Berg:*
1. Setzen Sie sich bequem in den Schneidersitz, Rücken gerade.
2. Legen Sie die Handflächen vor der Brust zusammen, als ob Sie beten.
3. Drücken Sie die Handflächen fest gegeneinander, strecken Sie im Ausatmen ganz langsam die Arme über den Kopf und dann die Fingerspitzen, als wollten Sie bis an die Decke reichen.
4. Einatmen; dehnen Sie dabei Ihren Brustkorb, halten Sie den Atem 3 bis 4 Sekunden lang an.
5. Bringen Sie ganz langsam die Hände wieder herab, indem Sie ausatmen.
6. Entspannen Sie sich.

YOGA-ÜBUNGEN

Arm- und Beinstreckung

Die Übung sorgt für gute Balance, festigt und streckt die Vorderseite des Körpers.

Ausführung:
1. Stellen Sie sich aufrecht hin, die Fersen geschlossen, die Zehen leicht nach außen gerichtet.
2. Heben Sie ganz langsam den rechten Arm, bis die Hand über dem Kopf ist. Der Ellbogen ist gestreckt.
3. Beugen Sie das linke Bein und bringen Sie es ganz nah an das Gesäß. Verlagern Sie dabei das Körpergewicht auf den rechten Fuß.
4. Umfassen Sie mit der linken Hand den linken Fuß (Abb. 28).
5. Beugen Sie sich jetzt von der Taille aus nach hinten, wobei Sie gleichzeitig am linken Fuß ziehen und den rechten Arm, soweit es das Gleichgewicht erlaubt, nach hinten bewegen. Lassen Sie den Kopf nach hinten fallen (Abb. 29).
6. Verharren Sie 5 Sekunden lang in dieser Stellung, jede Woche 5 Sekunden länger.
7. Neigen Sie den Oberkörper in eine Waagestellung (Abb. 30).
8. Machen Sie die Übung mit dem anderen Bein und wiederholen Sie sie dann dreimal auf jeder Seite.

So ist es richtig:
Wenn Sie Schwierigkeiten mit der Balance haben, dann üben Sie erst die einfachen Gleichgewichtsstellungen wie den *Baum.* Konzentrieren Sie sich bei dieser Übung sehr; das hilft, die Balance zu halten.
Wie bei allen Yoga-Übungen sollten Sie sich auch hier beim Hineingehen und beim Herauskommen aus der Stellung ganz langsam bewegen.

YOGA-ÜBUNGEN

Abb. 28　　　　　　　　　　　　　　　　　　　　　　　Abb. 29

Abb. 30

YOGA-ÜBUNGEN

Hunde-Streckung

Die Übung wirkt als Energiespender, formt die Beine und die Fußgelenke, bringt Erleichterung bei steifem Nacken und verspannten Schultern.

Ausführung:
1. Legen Sie sich auf den Bauch. Die Hände liegen neben den Schultern, die Finger weisen nach vorn.
2. Stützen Sie sich auf die Zehen und die Hände und bringen Sie so Ihren Körper in einer geraden Linie hoch, wie bei einem Liegestütz. Atmen Sie dabei aus (Abb. 31).
3. Wenn die Arme gestreckt sind, biegen Sie den Körper in der Taille, drücken das Gesäß hoch und verlagern das Gewicht auf die Füße (Abb. 32).
4. Bewegen Sie den Kopf in Richtung Füße und verharren Sie dann mit dem Scheitel auf dem Boden (Abb. 33).
5. Lassen Sie die Knie gestreckt, und drücken Sie die Fersen gegen den Boden.
6. Strecken Sie den Rücken und halten Sie die Ellbogen dabei gerade; lassen Sie, wenn nötig, die Hände nach vorn gleiten.
7. Verharren Sie in dieser Stellung 15 bis 60 Sekunden, atmen Sie normal.
8. Atmen Sie aus, bringen Sie den Körper wieder auf den Boden und entspannen Sie.
9. Wiederholen Sie die Übung noch zweimal, wenn Sie nicht so lange in der Stellung verharren konnten.

So ist es richtig:
Biegen Sie die Ellbogen ein wenig, wenn Sie den Kopf sonst nicht auf den Boden bringen können. Führen Sie diese Übung barfuß aus, damit Sie nicht ausrutschen. Beginnen Sie die Übung auf allen vieren, wenn Ihre Arme zu schwach zum Hochdrücken sind.
Vergessen Sie nicht, die Fersen gegen den Boden zu drücken. Halten Sie die Knie durchgedrückt. Die Hunde-Streckung ist eine fortgeschrittene Yoga-Übung; es dauert ein bißchen, bis man sie beherrscht.

YOGA-ÜBUNGEN

Abb. 31

Abb. 32

Abb. 33

YOGA-ÜBUNGEN

Haltungsgriff

Die Übung ist ausgezeichnet, um die Haltung zu verbessern, vermindert Spannungen in den Schultern, da sie die Gelenke schmiert und auf die Muskeln im oberen Teil des Rückens und die Schulterblätter einwirkt.

Ausführung:
1. Setzen Sie sich bequem und aufrecht in den Schneidersitz.
2. Legen Sie die linke Hand auf den Rücken, die Handfläche nach außen, und versuchen Sie, sie soweit wie möglich am Rücken hochzuschieben (Abb. 34).
3. Strecken Sie den rechten Arm aus, knicken ihn am Ellbogen ab, und führen Sie die rechte Hand zum Rückgrat. Diese Stellung heißt auch »Kuhkopf-Stellung«, weil der hochragende Ellbogen an ein Horn erinnert.
4. Versuchen Sie nun, die beiden Hände zusammenzubringen; schieben Sie sie Zentimeter um Zentimeter aufeinander zu, bis sich die Finger berühren und festhalten können.
5. Verharren Sie so 10 bis 30 Sekunden. Versuchen Sie, mit der linken Hand eine leichte Abwärts- und mit der rechten eine leichte Aufwärtsbewegung zu machen (Abb. 35).
6. Wiederholen Sie die Übung mit der anderen Hand, dann noch weitere zweimal pro Seite.
7. Sie werden herausfinden, daß Sie auf einer Seite steifer als auf der anderen sind. Konzentrieren Sie sich auf die steifere Seite.
8. Variation: Beugen Sie sich im Haltungsgriff nach vorn, bis Sie mit der Stirn den Boden berühren (Abb. 36).

So ist es richtig:
Halten Sie den Rücken vollkommen gerade, dann ist die Wirkung größer. Überanstrengen Sie sich nicht; gehen Sie nur so weit, wie es Ihnen ohne Schmerzen möglich ist.
Sind die Finger zu weit voneinander entfernt, dann können Sie ein Taschentuch als Bindeglied verwenden (Abb. 37).

Es gibt noch 3 weitere Übungen, um die Haltung zu verbessern:
Brust-Expander (am 6. Tag)
Bogen (am 8. Tag)
Zehen-Twist (am 13. Tag)

YOGA-ÜBUNGEN

Abb. 34

Abb. 35

Abb. 36

Abb. 37

INNERE EINSTELLUNG

Die Gedanken ordnen und beherrschen (vgl. 14. Tag)

Wie oft kann man nicht einschlafen, weil einem angsterregende Gedanken durch den Kopf schwirren. Nichts wäre dann angenehmer, als diesen Gedankenwirrwarr abschalten und zur Ruhe kommen zu können. Fällt man dann endlich in Schlaf, dann ist er unruhig, und man wälzt sich als Folge der überspannten Nerven hin und her. Die »völlige Stille« ist also nicht einmal nachts herzustellen; doch das läßt sich lernen.
Durch Meditation kann der rastlose Mensch unserer westlichen Welt zwar nicht alle Gedanken aus dem Gehirn verbannen, aber er kann wenigstens die Intensität herabmindern. Sich in dieser Meditation zu üben ist nicht geheimnisvoll – sorgen Sie für Wohlbefinden und Bequemlichkeit, lassen Sie die Gedanken geordnet vorüberziehen und genießen Sie das Dasein. Nehmen Sie eine Meditationsstellung wie das *Zusammengerollte Blatt* oder einfach einen bequemen Sitz ein, bei der entweder alle Sinne beschäftigt oder abgeblockt sind, damit sich keine störenden Ablenkungen bemerkbar machen. Wählen Sie Ihren Platz in einem gut durchlüfteten, friedlichen und ruhigen Teil der Wohnung. Er sollte so beschaffen sein, daß man mit aufrechtem Rücken sitzen, die Beine hochlegen und eventuell den Kopf abstützen kann. Suchen Sie sich eine ruhige Zeit des Tages aus, aber lassen Sie sich nicht durch gelegentliche Geräusche irritieren; unsere Umgebung ist nun einmal nicht lautlos. Brennen Sie Räucherkerzen oder betupfen Sie sich mit Parfum, um den Geruchssinn zu befriedigen. Schließen Sie die Augen. Nehmen Sie eine Blume in die Hände, damit Sie nicht rastlos nach Beschäftigung suchen. Stellen Sie einen Wecker auf 5, 10, 15 oder 30 Minuten, damit Sie nicht an die Zeit zu denken brauchen, sondern so lange in Stille verharren, wie es Ihnen angenehm ist.
Jetzt lassen Sie Ihr Inneres Revue passieren. Lassen Sie die Gedanken vorüberziehen. Beobachten Sie sie bewußt, aber ohne sich zu engagieren. Beschäftigen Sie sich vor allem nicht mit besorgten, trüben Gedanken. Während man die Freunde, mit denen man umgeht, sorgsam auswählt, gewährt man andererseits allen möglichen unliebsamen Überlegungen, sinnlosen und unnützen, manchmal sogar bösartigen Vorstellungen Gastfreundschaft. Sie sollten alle wie Unkraut ausgezupft werden, eine nach der anderen. Schauen Sie dem nicht enden wollenden Gedankenstrom zu, wie er sich manchmal durch Assoziationen zu Stromschnellen oder einem Wasserfall wandelt, sinnen Sie den guten Gedanken nach und vertreiben Sie die negativen. Mit diesem Ausleseprozeß wird es Ihnen gelingen, auf Anhieb unliebsame Vorstellungen abzuschalten, und damit beginnt schon die beruhigende Wirkung der Meditation.

SCHÖNHEITSPFLEGE

Der fünfte Tag

Die Hände

Die Hände zeigen die gleichen Merkmale wie die Gesichtshaut, so daß alle Regeln gleichermaßen auf die Hände zutreffen. Allerdings sind sie den ungünstigen Umweltverhältnissen noch stärker ausgesetzt, und man kann sie weder verkleiden noch so gut schützen wie das Gesicht. Da die Hände die Aufmerksamkeit anderer besonders auf sich lenken, am ehesten aber auch unser Alter verraten, sollte eine intensive Handpflege selbstverständlich sein.

Was man tun kann
1. Leberflecke reiben Sie täglich einige Minuten lang mit Buttermilch oder Weizenkeimöl ein.
2. Nikotinflecken an Fingern oder Nägeln verblassen, wenn Sie diese mit einer rohen Kartoffel oder Zitronensaft bearbeiten.
3. Cremen Sie jedesmal nach dem Waschen und der Hausarbeit die Hände gut ein. Produkte auf Lanolinbasis eignen sich dafür besonders. Vergessen Sie aber auch die Arme und die Ellbogen nicht.
4. Haben Sie häufig kalte Hände? Dies kann auf periphere Durchblutungs- und Kreislaufstörungen hindeuten, denen man unbedingt auf den Grund gehen sollte.
5. Massieren Sie die Hände täglich von den Fingerspitzen zu den Handgelenken hin.
6. Stark angegriffene Hände befeuchten Sie und tauchen sie in Kleie oder Bierhefe. Zwanzig Minuten lang einwirken lassen.
7. Bei stark strapazierten »Hausfrauenhänden« hilft außerdem einmal wöchentlich ein warmes Ölbad, worin Sie die Hände eine Viertelstunde lang baden.

Naturbelassene Nahrungsmittel

Für einen ernährungsbewußten Menschen ist die einzig richtige Ernährungsweise die mit »Nahrungsmitteln im Naturzustand«. Je weiter wir uns in der Lebensmittelindustrie vom Naturzustand entfernen, desto wichtiger sind die Kenntnisse des Verbrauchers darüber, was wir mit den Lebensmitteln zu uns nehmen. Um sie haltbarer zu machen und auch des angeblichen besseren Geschmacks wegen sind viele Nahrungsmittel übermäßig verfeinert. Durch diese Verfeinerung oder sogenanntes Veredeln der Lebensmittel werden aber Vitamine, Mineralstoffe und Spurenelemente vernichtet, die in unserem Organismus lebenswichtige biochemische Reaktionen steuern oder als Katalysatoren für verschiedene Wechselwirkungen im Körper unentbehrlich sind.
Das Fehlen von Magnesium führt nicht nur zu einer mangelnden Abwehrkraft des Blutserums, sondern auch zu störenden Kalziumablagerungen im Gewebe. Für das Kalziumgleichgewicht werden aber auch Phosphor, Kupfer und Sonne benötigt.
Kalium regelt die Darmbewegung. Sein Fehlen führt ebenfalls zu Störungen im Wasserhaushalt des Gewebes.
Chronischer Manganmangel führt zu Knochenmißbildungen. Zink spielt eine bedeutende Rolle im Regelsystem von Drüsen und Hormonen. Ursprünglich ist es reichlich in Weizen und Gerste enthalten, geht jedoch bei der Verfeinerung zur Herstellung von Weißmehl und -brot verloren, was bei einem Mangel im Organismus auch zu Veränderungen im Bild des Blutserums und der roten Blutkörperchen führen kann.
Es gibt noch viele andere lebenswichtige Mineralstoffe und Spurenelemente, und die Beispiele wären noch beliebig fortzusetzen. Es dürfte jedoch schon jetzt klar sein, welch gesundheitliche Folgen es nach sich ziehen kann, wenn es an diesen Substanzen in der Ernährung fehlt.
Der modernen, bequemen Lebensführung hat sich auch die Lebensmittelindustrie angepaßt. Es wird zerkleinert, verfeinert, gefärbt, verzehrbereit gemacht und abgepackt. Was dann meist auf den Tisch kommt, sind leere Kalorien, eine tote Masse, die nur noch stopft und Kalorienwert hat. Die Folgen dieses Mangels an lebenswichtigen Substanzen sind hinreichend bekannt; sie reichen von Übergewicht und Fettsucht über Arteriosklerose bis zu Diabetes mellitus. Die einzig mögliche Alternative ist die Vorbeugung, die natürlich die menschliche Vernunft voraussetzt. Das bedeutet nun keinesfalls, sich auf unzumutbare Weise einschränken oder gar wie ein Asket leben zu müssen, sondern eine vielseitige und abwechslungsreiche Mischkost, frisches Obst, Rohkost, Salate, Milch und frischen Käse, Fisch und auch Fleisch und Vollkorn, sei es für Brote oder Teigwaren. Jede einseitige Ernährungsweise ist unnatürlich und verkehrt.

SCHLANKHEITSDIÄT

Tagesmenü

Frühstück:
1 Orange, auch ein wenig von der weißen inneren Schale
1/2 Tasse Sahnequark
1 Eßl. Erdnußbutter oder 1/2 Tasse Erdnüsse

2. Frühstück:
6 getrocknete Aprikosenhälften oder
1/2 Melone

Mittagessen:
1 mittelgroße Tomate in Scheiben mit
1 Tasse frischer Pilze in
1 Teel. Butter dünsten
1 Ei in beliebiger Zubereitung oder
3/4 Tasse Krabben auf
1 Scheibe getoastetem Pumpernickel

Nachmittag:
1 Tasse geraspelte Karotten und Sellerie oder
Gurken- und Zucchinischeiben

Abendessen:
90 g geriebenen, geschmolzenen Münster- oder
Gruyèrekäse oder
6 kleine Sardinen
1 Scheibe leicht getoastetes Roggenbrot
1 Tasse gare Erbsen

Betthupferl:
1 Hühnerbrust oder
1 dünne Scheibe Roastbeef

YOGA-ÜBUNGEN

Arme und Hände

Die Übungen für den heutigen Tag sind so ausgesucht, daß dieses Mal Ihre Armmuskulatur, Hände, Handgelenke und Finger den Nutzen haben. Dazu brauchen Sie nur den Fußboden, eine Wand und ein bißchen Zeit. Übrigens sind Übungen, die gut für die Arme sind, zugleich gut für den Busen.

Die Atemübung für heute ist die *Atmung mit Armschwingen:*
1. Stellen Sie sich aufrecht hin, Beine geschlossen, die Arme nach vorn ausgestreckt auf Schulterhöhe. Ausatmen.
2. Atmen Sie tief ein und halten Sie den Atem an.
3. Beugen Sie die Arme schnell seitlich und dann wieder nach vorn. Wiederholen Sie diese Bewegung zweimal, bevor Sie mit geöffnetem Mund tief ausatmen.
4. Lassen Sie Ihre Arme seitlich herunterfallen.
5. Wiederholen Sie die Übung mehrmals.

Hand an die Wand

Die Übung stärkt Ober- und Unterarme sowie Handgelenke. Ob Sie die Übung gegen eine Wand machen oder nicht, auf jeden Fall werden durch die isometrische Bewegung schwabbelige Unterarme gefestigt.

Ausführung:
1. Stellen Sie sich aufrecht hin, ungefähr eine Armlänge von einer Wand entfernt.
2. Bringen Sie die Hände auf Schulterhöhe, Handflächen nach vorn. Die Finger zeigen zum Hals, die Ellbogen zur Seite, so daß die Arme mit der Brust eine gerade Linie bilden (Abb. 38).
3. Heben Sie langsam die Hände, als ob ein schweres Gewicht auf ihnen läge, und widerstehen Sie der Bewegung (Abb. 39).
4. Strecken Sie die Arme aus und bringen sie genauso langsam nach unten, wobei Sie sich wieder gegen die Bewegung wehren. Atmen Sie dabei ganz normal.
5. Legen Sie die Handflächen gegen die Wand, die Finger zeigen aufeinander, berühren sich aber kaum (Abb. 40).
6. Beugen Sie langsam die Ellbogen, aber achten Sie darauf, daß der Körper eine vollkommen gerade Linie beibehält.

YOGA-ÜBUNGEN

7. Drücken Sie mit den Handflächen, nicht mit der ganzen Hand, gegen die Wand. Sie schaffen somit einen Gegendruck gegen den Körper, der sich ganz langsam der Wand nähert. Bringen Sie allmählich die Stirn gegen die Wand. Achten Sie darauf, daß der Körper während der ganzen Zeit vollkommen gerade bleibt (Abb. 41).
8. Verharren Sie 5 bis 15 Sekunden und bewegen Sie sich dann genauso langsam wieder von der Wand weg, wobei Sie mit den Handflächen drücken.
9. Entspannen Sie sich, und wiederholen Sie beide Übungen noch zweimal.

So ist es richtig:
Drücken Sie so stark Sie können, indem Sie der Bewegung widerstehen, bis die Sehnen an den Armen und Fingern heraustehen. Ruhen Sie sich zwischen den Übungen aus. Atmen Sie normal. Wenn Sie gerade abgenommen haben, dann zeigen sich verräterische Spuren besonders unter den Armen.

Abb. 38   Abb. 39

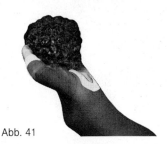

Abb. 40   Abb. 41

YOGA-ÜBUNGEN

Blume

Die Übung wirkt schmerzlindernd bei Arthritis, löst Verspannungen bei steifen Fingern und sorgt dafür, daß die Hände ihr jugendliches Aussehen behalten und die Finger biegsam bleiben.

Ausführung:
1. Setzen Sie sich bequem in den Schneidersitz.
2. Ballen Sie die Hände zur Faust und drücken Sie dabei ganz stark (Abb. 42).
3. Stellen Sie sich vor, Ihre Hand sei eine Blume, die sich in der Morgensonne öffnet, und versuchen Sie unter starkem Gegendruck, Ihre Hände langsam zu öffnen (Abb. 43).
4. Biegen Sie die Finger ganz nach hinten (Abb. 44).
5. Schließen Sie die Hände mit dem gleichen Gegendruck, mit dem Sie sie geöffnet haben. Der Druck muß so stark sein, daß die Sehnen auf der Handrückenseite hervortreten.
6. Entspannen Sie die Finger, indem Sie sie schnell bewegen oder schütteln.
7. Als nächstes spreizen Sie nun die Finger und drücken jeden Finger einzeln gegen die Handfläche. Verharren Sie jeweils zwei Sekunden dabei.
8. Wiederholen Sie die gesamten Übungen zwei weitere Male.

So ist es richtig:
Machen Sie die Übung in warmem Wasser oder Öl; das geht leichter, und die Wirkung ist die gleiche.

Abb. 42　　　　　　　　Abb. 43　　　　　　　　Abb. 44

YOGA-ÜBUNGEN

Finger-Massage

Die Fingerübung massiert die Fingergelenke und hält sie geschmeidig.

Ausführung:
1. Nehmen Sie den Zeigefinger der entspannten linken Hand fest in die rechte Hand (Abb. 45).
2. Schütteln, kneifen und kneten Sie den Knöchel zwischen den Fingern (Abb. 46).
3. Gleiten Sie bis zum Mittelgelenk hinunter, wiederholen Sie die Massage. Bewegen Sie dann den Finger kreisförmig erst im Uhrzeigersinn und danach anders herum.
4. Bearbeiten Sie das untere Gelenk und die Fingerspitze in der gleichen Art.
5. Nehmen Sie anschließend den Mittelfinger und behandeln Sie ihn wie vorher bei 2, 3 und 4.
6. Das gleiche mit dem Ring- und kleinen Finger wie auch mit dem Daumen.
7. Wiederholen Sie die Übung mit der linken Hand.

So ist es richtig:
Freuen Sie sich, wie Ihre Gelenke geschmeidiger und die Hände biegsamer werden.
Wiederholen Sie die Übung täglich, damit sie so bleiben.
Beunruhigen Sie sich nicht, wenn es in den Gelenken knackt; das richtet keinen Schaden an.

Abb. 45   Abb. 46

YOGA-ÜBUNGEN

Schiefe Ebene

Die Übung stärkt Arme und Handgelenke, weil sie das ganze Körpergewicht stützen.

Ausführung:
1. Setzen Sie sich mit geschlossenen, ausgestreckten Beinen hin.
2. Lehnen Sie sich leicht zurück; legen Sie die Hände unter den Schultern mit den Fingerspitzen nach vorn auf den Boden. Atmen Sie aus, stützen Sie sich mit den Händen ab und erheben Sie das Gesäß vom Boden (Abb. 47).
3. Stützen Sie sich beim Ausatmen fest auf die Fersen, und drücken Sie das Becken so weit wie möglich vor, indem Sie ein Hohlkreuz machen. Lassen Sie den Kopf nach hinten fallen (Abb. 48).
4. Verharren Sie 10 bis 60 Sekunden lang, und atmen Sie ganz normal dabei. Hände und Füße tragen Ihr Gewicht.
5. Atmen Sie aus, senken Sie das Becken zurück auf den Boden und entspannen Sie.

Variation:
1. Führen Sie die Übung bis zu Stufe 3 aus.
2. Heben Sie dann sehr langsam und so hoch wie möglich das rechte Bein (Abb. 49).
3. Verharren Sie 10 bis 30 Sekunden.
4. Wiederholen Sie die Übung mit dem anderen Bein.

So ist es richtig:
Um anfangs das Gesäß hochzubekommen, können Sie die Knie beugen und die Fußsohlen ganz flach auf den Boden drücken. Wenn Sie dann in der Stellung sind, strecken Sie die Beine aus. Achten Sie darauf, daß die gesamte Fußsohle auf dem Boden ruht, wenn Sie in der Position sind.

Es gibt noch drei andere Übungen, um die Arme und Handgelenke zu stärken:
Krähe (am 6. Tag)
Kobra (am 6. Tag)
Hunde-Streckung (am 4. Tag)

YOGA-ÜBUNGEN

Abb. 47

Abb. 48

Abb. 49

INNERE EINSTELLUNG

In das Kerzenlicht schauen

Meditation ist ein Bewußtseinsprozeß, ein Gedankenstrom, der in eine bestimmte Richtung fließt. Meditation ist aber auch ein Gemütszustand, unbewußt oder bewußt. Jeder hat schon einmal ein spontanes Glücksgefühl, den überwältigenden Eindruck von etwas Schönem, eine himmlische Wunschlosigkeit gespürt, die einem Tränen in die Augen treiben und einen kalten Schauer über den Rücken jagen; oder ein Film, ein Gedicht, ein Musikstück oder ein Liebeserlebnis hat uns bis ins Innerste gerührt. Diese Empfindungen dauerten nur einen Augenblick und waren unwillkürlich. Auf einen Dauerzustand solchen Glücks wirkt der Yogi hin, durch bewußte Meditation. Konzentration dagegen ist ein Hinwenden des ganzen Bewußtseins auf ein Ziel, eine Aufgabe. Bis jetzt haben wir nur die Anfangsgründe der Meditation beschrieben, uns auf die Konzentration durch Aufgeschlossenheit, Beobachtung und einfach Dasein vorbereitet. Nun betreten wir die erste Stufe der wahren Konzentration. Der Yogi versucht, die ruhelose Automatik der Gedanken abzuschalten und sie zu einer zielgerichteten Gleichmäßigkeit zu bringen, indem er seine gesamte Aufmerksamkeit auf einen einzigen Gegenstand richtet.

Das läßt sich relativ einfach durch das Anzünden einer Kerze erreichen. Nehmen Sie eine Meditationsstellung mit aufgerichtetem Rücken, aber bequem, ein. Zünden Sie eine Kerze an, die vor Ihnen auf einem niedrigen Tisch steht, und schauen Sie unverwandt in die Flammen. Lassen Sie den Blick am Kerzenschein haften, ohne zu starren. Atmen Sie gleichmäßig und schauen Sie die Flamme eine Minute lang an. Schließen Sie dann die Augen und stellen Sie sich das Bild in der Dunkelheit plastisch vor. Es muß Ihnen genauso deutlich vorschweben, als würden Sie es mit offenen Augen betrachten. Wenn sich das Bild nicht klar herausbildet oder der Eindruck zu schnell verwischt, öffnen Sie die Augen und schauen Sie die Kerze noch einmal länger an. Wiederholen Sie diese Übung, bis sich der Eindruck der Kerzenflamme für längere Dauer Ihrem Gehirn eingeprägt hat. Das mag Tage dauern.

Verlieren Sie nicht die Geduld, und versuchen Sie nicht, etwas zu erzwingen. Die Erleuchtung wird ganz von allein kommen.

SCHÖNHEITSPFLEGE

Der sechste Tag

Die Nägel

Finger- und Zehennägel sind tote, verhornte Platten, die aus besonders widerstandsfähigen Eiweißkörpern bestehen. Sie werden von der Epidermis (Oberhaut) gebildet und sind innerhalb des Fingers natürlich noch lebendig. Dies erklärt, warum man am Wachstum der Nägel die Vitalität der Nagelwurzel »ablesen« und indirekt auf den Dynamismus des Organismus schließen kann. Störungen im Körper können nämlich das Nagelwachstum verlangsamen oder anhalten, so beispielsweise infolge ernährungsbedingter Mangelzustände oder Krankheiten. Umgekehrt sind Nagelschäden seltener lokalen Ursprungs als organischen. Deshalb setzt die Erhaltung oder Verbesserung der Nägel die Pflege von innen voraus, wobei es auch dann oft Monate dauert, bis sich ein Erfolg bei Problemnägeln zeigt.

Was man tun kann
1. Zur Erhaltung gesunder und schöner Nägel ist neben der vitalstoffreichen Nahrung der mäßige Verzehr von Seetang anzuraten oder eine kurweise Einnahme von Algentabletten, die eine Vielzahl verschiedener Vitamine, Mineralstoffe und Spurenelemente in natürlicher und konzentrierter Form enthalten.
2. Brüchige Nägel sind vielfach ein Zeichen von Eisenmangel und Blutarmut. Neben einer ärztlichen Behandlung sollten Sie für reichlich eisenhaltige Nahrungsmittel sorgen. Dazu zählen Südfrüchte, Spinat, Feldsalat, Kartoffeln und Hülsenfrüchte.
3. Sehr weiche und leicht einreißende Nägel signalisieren oft einen Vitalstoffmangel. Zur Remineralisierung eignen sich vor allem Algentabletten und Blütenpollen.
4. Baden Sie Ihre Nägel in leicht angewärmtem Weizenkeimöl 3 bis 4 Minuten lang und massieren sie so lange, bis das Öl aufgesogen ist. Das restliche Öl bewahren Sie im Kühlschrank auf, da es rasch ranzig wird.
5. Machen Sie täglich einige Minuten lang Fingerübungen oder Fingergymnastik. Damit sorgen Sie für eine gute Durchblutung bis in die Spitzen.
6. Verzichten Sie bei Nagelschäden auf das Lackieren. Die Nägel müssen keinesfalls lackiert sein, um gepflegt auszusehen.
7. Sobald der Nagellack abzublättern beginnt, sollten Sie nicht nur darüber pinseln – das sieht sehr nachlässig aus –, sondern den Lack mit einem guten Entferner (nicht entfettend) abnehmen und die Nägel frisch lackieren.
8. Nagellack splittert nicht so rasch ab, wenn man die Nägel nach dem Lackieren und kurzen Antrocknen eine Viertelstunde in kaltes Wasser hält.
9. Ob andauerndes Lackieren der Nägel schädlich ist, ist umstritten. Zumindest aber werden ständig lackierte Nägel auf die Dauer gelb und unansehnlich.

SCHLANKHEITSDIÄT

Kalorien

Viele unserer Lebensmittel sind raffiniert, übermäßig verfeinert, gebleicht oder totgekocht und nur noch Kalorienträger ohne Vitamine, Mineralien und Spurenelemente.
Je nach Größe und Art der Tätigkeit benötigt ein Erwachsener 2000 bis 3500 Kalorien; darunter versteht man in der Ernährungslehre die wärme-(energie-)bildende Fähigkeit der Nahrungsmittel, die eigentlich in Kilokalorien (1000 Kalorien) und seit neuestem in Joule (1 Kilokalorie – 4186 Kilojoule) gemessen wird. 1 Brötchen mit Butter (ca. 200 Kalorien) zuviel pro Tag führt innerhalb von 2 Jahren zu einer Fettreserve (Übergewicht) von 16 Kilogramm.
Bei der Zusammenstellung des Speisezettels kommt es darauf an, den individuell notwendigen Bedarf an Kalorien mit vitalstoffreichen Lebensmitteln zu decken anstelle von vitalstoffarmen Füllern.
Beispielsweise haben 100 g frische Aprikosen 50 Kalorien, 100 g Schokolade 500 Kalorien. Man könnte also 1 Tafel Schokolade oder aber etwa 1 kg Aprikosen essen. Während jedoch Aprikosen u. a. Provitamin A, Vitamin B, PP, C enthalten sowie die Mineralstoffe und Spurenelemente Magnesium, Phosphor, Kalium, Brom, Eisen, Kobalt und Mangan, fehlen Vitalstoffe in der Schokolade gänzlich. Das vielfältige Angebot der Aprikosen kommt den Bedürfnissen des Organismus entgegen, während sich die Schokolade als Vitamin-Räuber im Körper betätigt, da ihr die für die Verdauung notwendigen Stoffe fehlen.
Nahrungsmittel, natürliche Naschereien wie Mandeln und Nüsse, sollten als besonders kalorienreich nicht verbannt werden, da sie nicht nur energetisch sind, sondern auch Proteine, Fettsäuren und Vitalstoffe aufweisen. Natürlich sollte man sie nicht nebenher futtern, vielmehr als eigene Mahlzeit ansehen und im täglichen Kalorienbedarf einkalkulieren.
Die Daumenregel bei der Auswahl der Nahrung ist demnach, den Kalorienbedarf mit vielseitigen, möglichst natürlichen und hochwertigen anstelle von minderwertigen und verfälschten Produkten zu decken.

SCHLANKHEITSDIÄT

Tagesmenü

Frühstück: 2 Teel. Hefeflocken in 1 Glas Orangensaft
2 Rühreier mit Milch und 1 Messerspitze Butter

2. Frühstück: 1 Banane oder
1/2 Melone

Mittagessen: 1 Tasse Fleischbrühe oder
1/4 l Tomaten- oder Gemüsesaft
Salat aus Kresse, Schnittlauch
1 mittelgroße Tomate, 1 EBl. Sonnenblumenkeime mit
1/2 EBl. French Salat-Dressing oder Orangenmixgetränk
1 Tasse Orangensaft
1 Teel. Sojamalz oder 2 Teel. Bierhefe
1 Ei

Nachmittag: 1 Teel. Erdnußbutter oder
1/2 Tasse Erdnüsse

Abendessen: 1 Tasse Wasserkresse oder
1/4 Kopf grüner Salat, 1 mittelgroße Tomate mit
1/2 EBl. Essig-Öl-Marinade
1/2 mittelgroße, in Alufolie gebackene Kartoffel
1 Messerspitze Butter
90 g Hühnerbrust oder Roastbeef

Betthupferl: 1 Scheibe getoastetes Vollkornbrot,
dünn mit Butter und Honig bestrichen, oder
1 Brötchen aus Weizenkeimen oder Sojamehl
1 Messerspitze Butter

YOGA-ÜBUNGEN

Büste und Oberarme

Die heutigen Übungen sollen den Brustkasten, den oberen Teil des Rückens und die Brustmuskulatur stärken.

Die Atemübung für heute ist die *Wechselseitige Nasenatmung I:*
1. Setzen Sie sich bequem in den Schneidersitz, Rücken ganz gerade. Ausatmen.
2. Heben Sie die rechte Hand hoch und legen Sie den Daumen gegen das rechte Nasenloch, schließen Sie es.
3. Atmen Sie tief durch das linke Nasenloch ein, wobei Sie so langsam wie möglich bis vier zählen oder noch weiter.
4. Halten Sie das rechte Nasenloch geschlossen, atmen Sie aus, wobei Sie bis vier zählen oder so lange, wie Sie eingeatmet haben.
5. Konzentrieren Sie sich darauf, die Lungen vollkommen zu leeren.
6. Wiederholen Sie die Übung drei- bis viermal und denken Sie daran, die Lungen erst unten, dann in der Mitte und dann oben mit Luft zu füllen.
7. Wechseln Sie nun das Nasenloch, schließen Sie das linke mit dem rechten Ringfinger, folgen Sie wieder den Anweisungen 3 bis 6, und atmen Sie dabei durch das rechte Nasenloch.

Brust-Expander

Die Übung vergrößert die Büste der Frau und den Brustkasten des Mannes, vermittelt neue Energien und vermindert Spannungen in Nacken und Schultern.

Ausführung:
1. Stellen Sie sich aufrecht, mit leicht gespreizten Beinen hin, Arme vorn in Schulterhöhe, die Handflächen aufeinander (Abb. 50).
2. Bringen Sie die Arme in einer weit ausholenden Bewegung nach hinten, rücken Sie die Schulterblätter zusammen und falten Sie die Hände.
3. Lassen Sie den Kopf nach hinten fallen, und beugen Sie sich, soweit es ohne Anstrengung gent, nach hinten, indem Sie das Becken dabei nach vorn drücken.
4. Drücken Sie die gefalteten Hände in Richtung Kopf und verharren Sie so 5 Sekunden (Abb. 51).
5. Aus dieser Stellung beugen Sie sich jetzt langsam von der Taille aus vor und lassen den Kopf vornüber fallen. Lassen Sie sich vom Gewicht des Körpers nach unten ziehen. Machen Sie keine ruckartige Bewegung.

YOGA-ÜBUNGEN

6. Verharren Sie 10 Sekunden, versuchen Sie dabei, mit den Händen weiter nach unten zum Kopf zu kommen (Abb. 52, fortgeschrittene Pose).
7. Richten Sie sich langsam wieder auf, entspannen Sie sich, und machen Sie die Übung noch zweimal.

So ist es richtig:
Wiederholen Sie die Übung oft, wenn Sie etwas für Ihre Büste tun wollen. Schließen Sie nicht die Augen; dann fällt es Ihnen leichter, das Gleichgewicht zu halten.

Abb.50   Abb. 51

Abb. 52

YOGA-ÜBUNGEN

Krähe

Die Übung stärkt und entwickelt die Brustmuskulatur.

Ausführung:
1. Hocken Sie sich auf die Fersen, die Füße ungefähr 15 Zentimeter voneinander entfernt (oder geschlossen, wenn Sie es können). Ausatmen.
2. Drücken Sie im Einatmen die Arme von innen gegen die Knie, gehen Sie auf die Zehenspitzen und kippen Sie leicht nach vorn (Abb. 53).
3. Legen Sie Ihre Hände vor sich auf den Boden, die Daumen etwa 15 Zentimeter voneinander entfernt, die Finger gespreizt und leicht gegeneinander gerichtet.
4. Während Sie die Oberarme gegen die Knie drücken, bringen Sie Ihr Gesäß hoch (Abb. 54).
5. Atmen Sie aus, neigen Sie das Gesicht zum Boden und heben Sie die Zehen, wobei Sie fest die Ellbogen gegen die Knie drücken (Abb. 55).
6. Versuchen Sie, die Arme möglichst gerade zu bekommen und auf den Händen zu balancieren. Verharren Sie 5 bis 20 Sekunden. Atmen Sie normal.
7. Atmen Sie aus, senken Sie die Zehen und entspannen Sie. Wiederholen Sie die Übung noch zweimal.

So ist es richtig:
Legen Sie ein Kissen vor sich auf den Boden, das gibt Ihnen mehr Mut. Stützen Sie sich mit den Zehen des einen Fußes leicht auf, bis Sie die Balance halten können. Stemmen Sie die Fläche direkt über den Ellbogen seitlich gegen die fleischige Innenseite der Knie.

YOGA-ÜBUNGEN

Abb. 53

Abb. 54

Abb. 55

YOGA-ÜBUNGEN

Kobra

Die Übung entwickelt die Brustmuskulatur, indem sie die Wirbelsäule streckt und begradigt.

Ausführung:
1. Legen Sie sich auf den Bauch, die Hände direkt am Körper, die Beine geschlossen.
2. Bringen Sie die Hände mit den Handflächen nach unten unter die Schultern (Abb. 56).
3. Heben Sie jetzt ganz langsam den Kopf und schauen Sie an die Decke.
4. Wenn Sie den Kopf, so weit Sie können, nach oben gebeugt haben, dann heben Sie die Schultern und den oberen Teil des Rückens. Die Bewegung wird mehr von der Rückenmuskulatur als von den Händen ausgeführt.
5. Versuchen Sie, den Oberkörper so weit wie möglich zu heben. Das Becken bleibt fest am Boden. Machen Sie ein Hohlkreuz. Die Arme müssen bei dieser Übung nicht gestreckt sein (Abb. 57).
6. Verharren Sie in dieser Stellung, bis es Ihnen unbequem wird (5 bis 30 Sekunden).
7. Kommen Sie ganz langsam aus der Kobra. Spüren Sie, wie sich ein Wirbel nach dem anderen zurückrollt. Der Kopf bleibt dabei bis zum Schluß erhoben.
8. Wiederholen Sie die Übung zweimal, und atmen Sie normal beim Verharren in der Pose.

So ist es richtig:
Achten Sie darauf, daß Ihre Augen während der ganzen Übung an die Decke schauen, beim Hineingehen, beim Herauskommen und beim Verharren. Versuchen Sie, die langsame Bewegung ihrer Wirbelsäule bewußt zu erleben, und genießen Sie es, wie ein Wirbel nach dem anderen massiert wird.

Drei weitere Übungen für eine Stärkung der Brustmuskulatur:
Bogen (am 8. Tag)
Schiefe Ebene (am 5. Tag)
Hand an die Wand (am 5. Tag)

YOGA-ÜBUNGEN

Abb. 56

Abb. 57

INNERE EINSTELLUNG

Apfelbetrachtung

Yoga zu praktizieren hat den Vorteil, daß es sich den persönlichen Fähigkeiten anpassen läßt, sowohl was die Übungen wie die philosophischen Aspekte betrifft. Der Mensch ist das Maß aller Dinge, und beim Studium von Yoga-Schriften macht man die tröstliche Erfahrung, daß man keine Fortschritte erzwingen muß. Jedes Ding hat seine Weile, seine Zeit der Reife, des Bereitseins. Der Apfel fällt auch nicht vom Baum, solange er noch grün ist; ist er reif, dann fällt er einem in den Schoß. Eine ähnliche Erfahrung macht man bei der Beschäftigung mit Meditation.
Hat man sich ernsthaft, aber noch erfolglos um Konzentration bemüht, dann ist ein Fortschreiten zur Visualisierung und Versenkung noch verfrüht. Dann gilt es, behutsam die derzeitige Entwicklungsstufe auszubauen anstatt mit Gewalt ein noch fernes Ziel zu verfolgen. Die Meditation und alle Schritte, die dazu hinführen, sind die ureigene Sache eines jeden einzelnen. Sein Bewußtseinsstand allein ist ausschlaggebend. Er soll die Techniken nicht des persönlichen Gewinns wegen erlernen, sondern um zu einer Erleuchtung zu gelangen; Profitdenken versagt hier völlig. Halten wir also noch einmal bei der Visualisierung eines Gegenstandes inne, der Vorstufe der Konzentration.
Nehmen Sie einen Apfel und verfahren Sie wie mit der Kerzenflamme. Betrachten Sie ihn, schließen Sie die Augen und stellen Sie ihn sich vor dem inneren Auge vor. Nun gehen Sie einen kleinen Schritt weiter: Denken Sie über den Apfel nach, seine Schale, seinen Geruch, seine Farbe, seine Rundungen, seinen Geschmack. Überlegen Sie, wie vielfältig Äpfel verwendet werden und wie sie wuchsen, vom Kern zur Frucht an einem großen Baum, und welche Stadien sie bis zur Reife durchlaufen haben. Sinnen Sie jedem und allem über den Apfel nach. Sollten Ihre Gedanken in andere Richtungen abschweifen, dann rufen Sie sie zur Ordnung: den Apfel betrachten, von allen Seiten.

SCHÖNHEITSPFLEGE

Der siebte Tag

Die Zähne

Ein Erwachsener in den modernen Industrienationen, der ausschließlich eigene Zähne ohne Löcher und Füllungen in gleichmäßigen Reihen aufweisen kann, ist eine Seltenheit. Allein einer Schätzung der Weltgesundheitsorganisation (WHO) zufolge sollen mehr als 90 Prozent der Bewohner der westlichen Welt an Karies und Zahnverfall leiden. Daß wir es hier mit einem der größten gesundheitlichen Zivilisationsschäden, bedingt durch unsere Ernährungsweise, zu tun haben, steht außer Zweifel. Als Hauptfaktor wird der übermäßige Verzehr von Nahrungszucker verantwortlich gemacht, der durch Bakterien und Säuren, die in den Zahnbelägen entstehen können, die Zerstörung der mineralischen Zahnsubstanz bewirkt. Erfahrungsgemäß ist aber selbst mit gezielter Mundhygiene der Zahnkaries nicht beizukommen; der Kariesbefall nimmt eher zu als ab. Diese Tatsache mag zunächst paradox anmuten, wird aber verständlich, wenn wir auf die Auswirkung des Zuckers im Körper eingehen. Bei übermäßigem Genuß von Zucker, Süßigkeiten und anderen denaturierten Kohlenhydraten kann es zu Vitaminmangelzuständen und Störungen im intermediären Stoffwechsel kommen. Als vitalstoffarme Nahrungs- oder Genußmittel betätigen sie sich im Organismus als »Vitamin-Räuber«, da ihnen die für die Verdauung notwendigen Substanzen selbst fehlen. Eine wirksame Verhütung und Bekämpfung der Karies ist also nur dann gewährleistet, wenn der Verzehr von Zucker drastisch eingeschränkt wird. Nur in diesem Fall werden mundhygienische Maßnahmen unsere Erwartungen erfüllen können.

SCHÖNHEITSPFLEGE

Was man tun kann

1. Drastische Einschränkung von raffinierten und vitalstoffarmen Nahrungsmitteln wie Zucker, Weißmehl und den daraus hergestellten Lebensmitteln.
2. Nahrungsumstellung auf mehr frisches Obst anstatt Süßigkeiten und Vollkornprodukte anstatt Brot und Kuchen.
3. Setzen Sie täglich mindestens einmal reichlich Salat oder Rohkostplatten auf Ihren Speisezettel, wodurch Zähne und Kaumuskeln gestärkt und lebenswichtige Vitalstoffe zugeführt werden. Dabei wird die bei Mangelerscheinungen oft typische Gier nach Süßigkeiten gebremst.
4. Für die Entwicklung und Festigung des Zahnschmelzes ist Provitamin bzw. Vitamin A notwendig, u. a. enthalten in Karotten, Salat, Tomaten, Aprikosen.
5. Zahnfleischbluten kann Folge eines Vitamin-C-Mangels sein. Vitamin C ist u. a. in Petersilie, Kresse, Kartoffeln, Spinat, Zitronen, Orangen, Pampelmusen, Äpfeln.
6. Zur Vorbeugung und Unterstützung bei Zahnfleischinfektionen hilft Vitamin PP (Niacin), das reichlich in Hefe, Leber und Vollkornprodukten vorkommt.
7. Die Bedeutung von Kalzium für Knochen und Zähne dürfte hinreichend bekannt sein. Um jedoch voll wirksam zu sein, benötigt dieser Mineralstoff Vitamin D und C, Phosphor, Magnesium und Kupfer. Diese Wirkstoffe sind alle in einer natürlichen Ernährung und ausgewogener Mischkost – Obst, Gemüse, Fisch, Milch, Eiern, Vollkornprodukten – enthalten. Ein natürliches Mittel, das all diese Substanzen vereinigt, sind Blütenpollen.
8. Gehen Sie mindestens zweimal pro Jahr zum Zahnarzt, auch wenn Sie glauben, Ihre Zähne seien in Ordnung.
9. Regelmäßiges Massieren des Zahnfleisches mit dem Finger begünstigt die Durchblutung des Zahnfleisches und Festigung des Zahns.
10. Zahnpasten, die die Zähne schneeweiß färben, sind nicht ratsam, da die natürliche Farbe der Zähne Elfenbein ist.
11. Neben dem Zähneputzen sollten Sie die Zähne und Mundhöhle spülen. Hierfür werden verschiedene Produkte im Handel angeboten. 1 Glas warmes Wasser, angereichert mit 1 Teel. Meersalz, ist aber nicht minder empfehlenswert.
12. Säubern Sie auch die Zunge bzw. deren hinteren Teil mit der Rundung eines Teelöffels oder mit dem Zeige- und Mittelfinger, wie Yogis das tun. Zweck dieser Übung ist das Entfernen des schleimigen Belages, der nicht von alleine verschwindet und mit der Zeit in Gärung übergehen würde.

SCHLANKHEITSDIÄT

Kohlenhydrate

Die Hauptenergiequelle des Körpers sind die Kohlenhydrate. Da sie außerdem den Organismus mit einer Vielzahl von Vitaminen, Mineralstoffen und Spurenelementen beliefern, wird man sie bei einer gesunden Ernährungsweise niemals außer acht lassen. Worauf es aber in erster Linie ankommt, ist, daß wir die wertvollen, unverfälschten – in frischem Obst, Gemüse, Vollkorn, Fleisch, Fisch, Milch und frischem Käse – von den industrialisierten, raffinierten Kohlenhydraten, den leeren Kalorien wie Nahrungszucker und Weißmehlprodukten zu unterscheiden wissen.
Letztere Art der Kohlenhydrate haben als vitalstoffarme Nahrung nicht nur so gut wie keinen Wert für den Organismus, sondern stören diesen auch empfindlich.
Man möchte meinen, wer gerne und viel isolierte Kohlenhydrate wie beispielsweise Schokolade und Bonbons ißt, könne deren Vitalstoffarmut durch Zufuhr reichhaltigerer Nahrungsmittel ausgleichen. Aber hier geht die Rechnung nicht auf. Denn gerade die vitalstoffarmen Kohlenhydratträger benötigen auch für ihre Verdauung Vitamine und Fermente. Da sie diese aber nicht selbst einbringen, müssen sie von vitalstoffreichen schmarotzen, so daß keine der beiden Arten von Kohlenhydraten noch für eine gute Verdauung die ausreichend nötigen Substanzen hat. Auf die Dauer kommt es in der Folge zu Mangelerscheinungen und zu Störungen im intermediären Stoffwechsel (Zwischenstoffwechsel). Denaturierte Kohlenhydrate sind vor allem bekannte Vitamin-B-Räuber, aber auch Kalkräuber, was sich auf das Wachstum – bei stark naschenden Kindern – sehr ungünstig auswirken kann.
So unglaublich es vielleicht zunächst auch scheinen mag, vitalstoffarme Kohlenhydrate sind wesentlich an einem überhöhten Cholesterinspiegel beteiligt, und Industriezucker ist nicht weniger verantwortlich bei Entstehung eines Herzinfakts als Fette.
Wer jedoch glaubt, nicht auf Süßigkeiten verzichten zu können, kann auf Natürliches zurückgreifen wie Honig oder Fruchtzucker, woraus man für Kinder und Erwachsene Leckeres herstellen oder fertig in Lebensmittelfachgeschäften kaufen kann. Doch dürfen Sie – wenn nötig – nicht die Kalorien aus den Augen verlieren.

SCHLANKHEITSDIÄT

Tagesmenü

Frühstück: 1/4 l Orangensaft
1/2 Tasse Vollkorn-Haferflocken in etwas Vollmilch gekocht
1 Eßl. Weizenkeime und
1 Teel. Honig oder Melasse

2. Frühstück: 1 Tasse Magermilch (2% Fett)

Mittagessen: 1/4 Kopf grüner Salat mit gewiegter Petersilie und
2 Teel. French Salat-Dressing
100 g gebratene Seezunge
1 Scheibe knuspriges Roggenbrot
etwas Butter

Nachmittag: 1 mittelgroßer Apfel
1 Scheibe Münster- oder Gruyèrekäse

Abendessen: 1 Tasse rohen Spinat gemischt mit
1/2 Tasse frischen Ananaswürfeln
ein paar Zwiebelringen oder Radieschenscheiben oder
1 1/2 Tassen Sauerkraut mit Apfel- und Zwiebelstückchen
1/2 Eßl. Majonnaise
1 Scheibe gekochten Schinken
2 dünne Weizenkräcker

Betthupferl: 1 Tasse Gemüsesuppe
1 Roggenkeks

YOGA-ÜBUNGEN

Bauch und Taille

Für heute stehen Übungen auf dem Programm, die den Bauch festigen, den Taillenumfang verringern und das Zwerchfell straffen sollen.

Die Atemübung für heute ist die *Wechselseitige Nasenatmung II,* um das gesamte Nervensystem zu beruhigen, das Blut zu reinigen und die Schlaflosigkeit zu lindern:
1. Setzen Sie sich bequem in den Schneidersitz, Rücken gerade. Ausatmen.
2. Heben Sie die rechte Hand und schließen Sie mit dem rechten Daumen das rechte Nasenloch.
3. Atmen Sie tief und langsam durch das linke Nasenloch ein, wobei Sie dabei so langsam wie möglich bis vier zählen.
4. Schließen Sie das linke Nasenloch mit dem Ringfinger und halten Sie 1 bis 4 Sekunden lang den Atem an.
5. Öffnen Sie das rechte Nasenloch und atmen Sie aus, wobei Sie von vier bis acht zählen. Je länger das Ausatmen dauert, desto besser. Konzentrieren Sie sich darauf, Ihre Lungen vollkommen zu leeren.
6. Wiederholen Sie die Stufen drei bis fünf drei- oder viermal.
7. Wechseln Sie dann, indem Sie durch das rechte Nasenloch ein- und durch das linke ausatmen.
8. Wiederholen Sie auch hier drei- bis viermal.

YOGA-ÜBUNGEN

Ohr zum Knie

Die Übung bewirkt ein Schlankerwerden der Taille und eine Linderung der Rückenschmerzen, festigt die Bauchmuskulatur und fördert Verdauung und Stoffwechsel.

Ausführung:
1. Setzen Sie sich mit ausgestreckten Beinen auf den Boden, die Füße 1/2 m auseinander.
2. Ziehen Sie das linke Bein an und legen Sie den Fuß gegen den rechten Schenkel, wobei Sie das Knie zur Seite fallen lassen (Abb. 58).
3. Legen Sie den rechten Unterarm mit der Handfläche nach oben auf den rechten Schenkel.
4. Drehen Sie den Oberkörper nach links, bis er in einem rechten Winkel mit dem rechten Bein steht.
5. Heben Sie den linken Arm seitwärts hoch und langsam über den Kopf, die Ellbogen müssen nicht durchgedrückt sein (Abb. 59).
6. Atmen Sie aus und beugen Sie dabei den Kopf nach rechts, während der rechte Arm an der Innenseite des Beines entlang zum Fuß gleitet.
7. Fassen Sie mit der rechten Hand den Spann des rechten Fußes. Bringen Sie dann die linke Hand über den Kopf und fassen Sie damit den Spann außen an. Ihr Gesicht schaut dabei nach vorn, das Ohr ist gegen das Knie geneigt.
8. Verharren Sie in dieser Stellung (linker Arm über dem linken Ohr) 5 bis 20 Sekunden. Atmen Sie dabei kurz und stoßweise (Abb. 60).
9. Atmen Sie ein, lösen Sie die Stellung langsam auf und entspannen Sie. Wiederholen Sie zur anderen Seite.

So ist es richtig:
Achten Sie darauf, daß das Knie durchgedrückt ist. Wenden Sie den Körper nach links, damit Sie die Stellung besser ausführen können.
Vergessen Sie nicht, während der ganzen Übung die Handfläche nach außen gedreht zu lassen.

YOGA-ÜBUNGEN

Abb. 58

Abb. 59

Abb. 60

YOGA-ÜBUNGEN

Twist

Festigt und strafft den ganzen Körper, massiert die Bauchmuskulatur und dreht die Wirbelsäule spiralenförmig.

Ausführung:
1. Setzen Sie sich mit ausgestreckten Beinen auf den Boden.
2. Spreizen Sie die Beine und legen Sie den rechten Fuß an den linken Schenkel. Das rechte Knie muß fest am Boden bleiben (Abb. 61).
3. Beugen Sie das linke Knie und führen Sie den linken Fuß über das rechte Knie. Das Knie zeigt nach oben.
4. Setzen Sie die linke Fußsohle ganz auf den Boden auf. Je weiter Sie den Fuß zurücksetzen können, desto besser.
5. Verlagern Sie das Gewicht jetzt auf das Becken. Stützen Sie sich dabei mit beiden Händen auf, damit Sie nicht umkippen (Abb. 62).
6. Lassen Sie die linke Hand hinter sich aufgestützt, legen Sie den rechten Arm zwischen Brust und linkes Knie (Abb. 63).
7. Drehen Sie nun den Körper, so daß die rechte Schulter (nicht nur der Ellbogen) am linken Knie ruht.
8. Ballen Sie die rechte Hand zur Faust, und führen Sie den rechten Arm kerzengerade über das rechte, am Boden liegende Knie.
9. Versuchen Sie, die Zehen des linken Fußes zu greifen. Anfangs wird das schwerfallen; umfassen Sie statt dessen das rechte Knie.
10. Während Sie sich fest mit dem rechten Arm am linken Bein abstützen, drehen Sie jetzt den Oberkörper nach links.
11. Beugen Sie den linken Arm und legen Sie den Handrücken an die Außenseite Ihres Rückens.
12. Drehen Sie den Kopf nach links und schauen Sie, so weit Sie können, nach links (Abb. 63).
13. Verharren Sie 10 bis 30 Sekunden in dieser Stellung.
14. Drehen Sie sich langsam zurück in die Ausgangsstellung.
15. Wiederholen Sie die Übung zur anderen Seite.
16. Variation: Der einfache Twist (Abb. 64).

So ist es richtig:
Setzen Sie sich ganz weit vor auf Ihr Becken.
Knicken Sie den Arm nicht ein, wenn Sie ihn über das Knie bringen. Drehen Sie die Schultern und Oberarme gegen das Knie, dadurch können Sie Ihren Arm weiter herum führen.
Wenn das rechte Knie hoch ist, beide Arme nach rechts bringen und den Körper dann nach rechts drehen.

YOGA-ÜBUNGEN

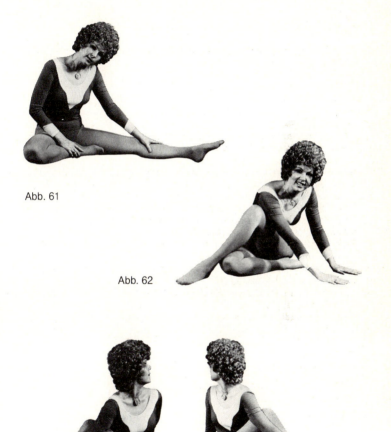

Abb. 61

Abb. 62

Abb. 63

Abb. 64

YOGA-ÜBUNGEN

Seitlicher Schwung

Die Übung macht die Taille schmaler und festigt das Zwerchfell.

Ausführung:
1. Setzen Sie sich mit ausgestreckten Beinen auf den Boden.
2. Winkeln Sie die Knie an, und bringen Sie Ihre Fersen an die rechte Gesäßhälfte (Abb. 65).
3. Heben Sie beide Arme über den Kopf und falten Sie die Hände (Abb. 66).
4. Beugen Sie sich von der Taille aus, und schwingen Sie Ihren Oberkörper, so weit es geht, nach rechts (Abb. 67).
5. Verharren Sie 4 Sekunden oder länger. Entspannen Sie danach.
6. Wiederholen Sie dreimal.
7. Gehen Sie wieder in die Ausgangsstellung zurück.
8. Beugen Sie die Knie und bringen Sie die Fersen an Ihre linke Gesäßhälfte.
9. Üben Sie dann zur anderen Seite nach Punkt 3 bis 6.

So ist es richtig:
Neigen Sie den Oberkörper weder nach vorn noch nach hinten. Bleiben Sie so gerade wie möglich.

Drei weitere Übungen, um die Taille schlanker zu machen:
Zehen-Twist (am 13. Tag)
Hüftbeuge (am 10. Tag)
Becken-Streckung (am 9. Tag)

YOGA-ÜBUNGEN

Abb. 65

Abb. 66

Abb. 67

INNERE EINSTELLUNG

OM singen

Eine der fünf Meditationsformen des Yoga ist Mantra Yoga. Ein Mantra ist eine mystische Silbe, die entweder laut gesungen oder im Geist immer wieder wiederholt wird. Durch den geistigen Konzentrationseffekt der dauernden Wiederholung soll die Ganzheit des Menschen wiederhergestellt, also Geist, Körper und Seele vereinigt werden. Die Yogis glauben, daß Schallschwingungen – Vibrationen – einen Einfluß auf jede lebende oder tote Materie haben. Die Vorstellung erscheint uns weniger absurd, wenn wir bedenken, daß noch vor einem Jahrhundert die drahtlose Telegrafie für unmöglich gehalten wurde.

Den bedeutsamsten und positivsten Klang hat die mystische Silbe OM. Der Inder hält OM für einen magischen Urton, der seit Erschaffung der Welt auf das Unbewußte wohltätig eingewirkt haben soll; es ist also ein mächtiger Ton, die Quelle aller kosmischen Schwingungen und einer der Namen Gottes. OM – in Sanskrit AUM geschrieben – ist durch die drei Buchstaben das Symbol für die Vergangenheit, die Gegenwart und die Zukunft. Es steht auch für die drei Bewußtseinszustände des Menschen: Wachsein, Traum und Tiefschlaf. Gleichzeitig stellt es nicht nur die materielle, die geistige und die philosophische Sphäre dar, sondern darüber hinaus das Weltall, das jenseits unseres Begriffsvermögens liegt.

Dabei ist OM einer der natürlichsten Laute der Welt, den selbst ein Gehörloser formulieren kann; es schwingt mit im Bim-bam-bom der Glocken, im Amen oder im Ausruf des Erstaunens Oh. Für die Yogis ist OM die Mutter aller Töne.

OM wird häufig vor der Meditation gesungen, manchmal auch als selbständige Übung. Die hervorgerufenen Schwingungen sollen zum Wohlbefinden beitragen, weil sie den Körper reinigen und den Geist zügeln. OM singen heißt, den Geist über den Alltagstrubel hinauszuheben und ihm Flügel zu verleihen.

Machen Sie zur Einleitung ein paar Atemübungen, und summen Sie dann OM. Holen Sie tief Luft und formen Sie dabei tief in der Kehle einen A-Laut. Modulieren Sie ihn allmählich zu einem U. Beim langgezogenen Ausatmen wird daraus ein M, bei dem sich die Lippen kaum berühren. Wenn Sie die Technik beherrschen, unterlegen Sie dem OM verschiedene Gedanken, wie beispielsweise »Gott ist das Licht«. OM soll die Quelle des Lichts und des Wissens sein.

SCHÖNHEITSPFLEGE

Der achte Tag

Hautpflege

Allein die Haut, die ein Mensch mit sich herumträgt, macht rund ein Sechstel seines Körpergewichtes aus und würde ausgebreitet eine Fläche von 1,6 bis 1,8 Quadratmetern bedecken.
Die Haut ist aber nicht nur eine Körperhülle schlechthin, sondern ein Organ mit vielen unterschiedlichen Funktionen.
Die Epidermis (Oberhaut) schützt den Organismus gegen gefährdende Einflüsse von außen, bedeckt mit einem Säuremantel, der das Eindringen von Krankheitserregern verhindert. Als Atmungsorgan nimmt die Haut Sauerstoff auf, und als Entschlakkungsorgan scheidet sie Schweiß und organische Abbauprodukte aus. Nicht zuletzt fungiert die Haut als Sekretionsorgan, wobei sich die Drüsenzellen der Talgdrüsen in Sekret umwandeln, um die Epidermis geschmeidig und elastisch zu erhalten.
Die Haut kann aber nur dann ihre Aufgaben erfüllen, wenn wir ihr ein Höchstmaß an Pflege von innen und außen angedeihen lassen, und dazu zählen viel Luft und Licht.
Luft- und Lichtbäder sollte man am besten morgens nach dem Aufstehen nehmen, weil sie den Kreislauf und Stoffwechsel anregen und die Versorgung der Haut begünstigen. Ein Licht- und Luftbad ist nicht zu verwechseln mit Sonnenbädern. Vielmehr versteht man darunter Bewegung ohne einengende und die Hautatmung erschwerende Kleidung, je nach Möglichkeit und Jahreszeit täglich kurze Zeit im Freien oder in einem sonnigen, gut durchgelüfteten Raum.

SCHÖNHEITSPFLEGE

Was man tun kann
1. Provitamin oder Vitamin A ist von besonderer Bedeutung für die Gesundheit der Haut, enthalten in Weintrauben, Äpfeln, Datteln, auch in Butter und Eigelb.
2. Für eine gute Hautfunktion benötigt der Körper ebenfalls die Vitamine E und F. Beide sind enthalten in kaltgepreßten, naturbelassenen Pflanzenölen.
3. Äußerlich dünn aufgetragen und einmassiert, empfehlen sich diese Öle auch zur Behandlung von rauher Haut, Entzündungen, Narben und während der Schwangerschaft, um das Gewebe elastisch zu erhalten und Schwangerschaftsstreifen zu verhindern.

SCHLANKHEITSDIÄT

Fette

Unter den Nahrungsmitteln weisen die Fette den höchsten Energie- und Kalorienwert auf und bilden zusammen mit den Kohlenhydraten den Treibstoff für die Zellenenergie.
Der Körper benötigt Fette, vor allem die ungesättigten Fettsäuren, wie sie in naturbelassenen Ölen enthalten und für den Organismus auch am bekömmlichsten sind.
Es genügt aber nicht, daß Öle oder Margarine für unsere tägliche Ernährung aus Sonnenblumen, Mais, Weizenkeimen oder anderen Vegetabilien gewonnen wurden. Wesentlich ist die Verarbeitung. Wie ein Großteil anderer Nahrungsmittel büßen auch die meisten Öle auf Grund chemischer Extraktion und thermischer Behandlung zum Zwecke der längeren Haltbarkeit lebenswichtige Stoffe ein. Pflanzenöle sind erst dann für die Gesundheit wertvoll, wenn sie schonend behandelt, kaltgepreßt und naturbelassen sind. Nur ein solches Verfahren gewährleistet die Erhaltung der natürlichen und ungesättigten Fettsäuren (Vitamin F), die der Organismus nicht selbst produzieren kann, und Vitamin E.
Da die essentiellen Fettsäuren die Verteilung und den Abbau aller Fette im Körper regulieren, werden andere – gesättigte – Fettsäuren in Milch, Butter, Käse, Eiern, Fleisch oder versteckt in Wurst und anderen Produkten, kaum den Kreislauf, das Herz oder die Leber durch einen überhöhten Blutfettspiegel stören.
Man darf aber nicht vergessen, daß ein überhöhter Blutfettspiegel nicht immer oder allein auf einen großen Fettverzehr zurückzuführen ist, sondern ebenso auf zuviel Kohlenhydrate oder übermäßigen Alkoholgenuß. Und nicht zuletzt ist es der Streß, die psychischen und nervlichen Belastungen, die den Blutfettspiegel mit hochtreiben. Streß beeinflußt über das Gehirn das zentrale Nervensystem, woraufhin die Nebennierenrinde ein Hormon sekretiert, das den Blutdruck erhöht und den Kreislauf stark anregt. Dadurch wird Blutzucker freigesetzt, Fett aus der Reserve geholt und in die Blutbahn gestürzt. Die Folge ist, daß der Blutfettspiegel sich erhöht. Die durch den freigesetzten Blutzucker und das Fett angebotene Energie müßte nun durch Muskelarbeit verbraucht oder genutzt werden, was aber in unserem modernen Berufsleben hinter dem Schreibtisch, dem Fließband oder dem Lenkrad kaum möglich ist. Zunächst sorgt noch die Leber für den Abbau. Aber bei ständig andauerndem Streß wird auch sie überfordert, so daß sich das Übermaß an freigesetztem Fett in unserem Blut irgendwo absetzen muß – an den Arterienwänden, was nicht ohne gesundheitliche Schäden bleibt.
Wenn wir schon den psychischen und nervlichen Belastungen nicht immer ausweichen können, so lassen sich ihre möglichen Folgen doch ausgleichen. Das Wichtigste dabei ist eine möglichst natürliche Lebens- und Ernährungsweise, viel Bewegung im Freien als Ausgleich zu der geringen körperlichen Betätigung und, nicht zu vergessen, die Erhaltung des Idealgewichtes, denn jedes Kilo darüber ist schon zuviel.

SCHLANKHEITSDIÄT

Tagesmenü

Frühstück:
1/2 Tasse Yoghurt mit
1/2 Tasse frische oder tiefgefrorene, ungesüßte Erdbeeren
1 Weizenkeim- oder Sojamehlbrötchen
1 Messerspitze Butter oder
1 Scheibe Pumpernickel
1 Messerspitze Butter
1 Eßl. Honig

2. Frühstück:
2 Teel. Hefeflocken oder 1 Teel. Sojamehl in 1 Glas Orangensaft

Mittagessen:
3/4 Tasse rohen, feingeschnittenen Kohl
1/2 Tasse rohe, geraspelte Rote Beete
1 mittelgroße Karotte, geraspelt
Marinade aus 1 Teel. Safloröl und Apfelessig und Schnittlauch
1 Weizenkeks, dünn mit Butter bestrichen

Nachmittag:
3 Aprikosen oder
1/2 Melone

Abendessen:
110 g gedünstete Rinderleber oder
1 Tasse Spinat
1 mittelgroße gedämpfte Zwiebel

Betthupferl:
1 mittelgroßer Apfel oder
1 Tasse frische Ananasstückchen oder
1/2 Banane und
1 Teel. Kokosraspeln

YOGA-ÜBUNGEN

Bauch und Bauchmuskeln

Die heutigen Übungen sorgen für eine Gewichtsabnahme am Bauch und eine Straffung der Bauchmuskulatur. Um eine Wirkung zu erzielen, sollten sie allerdings regelmäßig gemacht werden.

Die heutige Atemübung ist der *Verdauungs-Zyklus* für eine bessere Verdauung:
1. Setzen Sie sich bequem in den Schneidersitz, die Hände liegen auf den Knien.
2. Bewegen Sie nun den Oberkörper kreisförmig im Uhrzeigersinn, wobei Sie...
3. ... sich zurücklehnen, dabei ausatmen und den Bauch einziehen, danach
4. ... sich nach vorn beugen, dabei einatmen und den Bauch herausdrücken.
5. Wiederholen Sie viermal. Dann machen Sie diese Übung gegen den Uhrzeigersinn. Der Rhythmus: Schneidersitz – ausatmen – nach vorn beugen – einatmen – Bauch herausstrecken; nach hinten lehnen – ausatmen – Bauch einziehen.

YOGA-ÜBUNGEN

Bogen

Die Übung stärkt und festigt die Magen-, Arm-, Bein- und Rückenmuskulatur. Sie fördert eine Gewichtsabnahme an Hüften und Gesäß.

Ausführung:
1. Legen Sie sich bäuchlings auf den Boden, die Arme am Körper.
2. Winkeln Sie die Knie an, bringen Sie die Füße so nah wie möglich an das Gesäß. Ausatmen.
3. Atmen Sie ein und fassen Sie die Füße an den Knöcheln, einen nach dem anderen (Abb. 68).
4. Atmen Sie jetzt aus und heben Sie die Knie vom Boden hoch, indem Sie die Knöchel von den Händen wegziehen. Ihre Hände halten zwar den Knöchel immer noch fest, aber durch das Wegziehen gelingt es Ihnen besser, die Knie vom Boden zu heben, als durch ein Herunterziehen.
5. Heben Sie gleichzeitig den Kopf (Abb. 69).
6. Verharren Sie anfangs 5 bis 10 Sekunden in dieser Stellung, dann 5 Sekunden pro Woche mehr bis zu 30 Sekunden. Atmen Sie so normal wie möglich dabei.
7. Gehen Sie langsam in die Ausgangsstellung zurück, entspannen Sie und ruhen Sie ein bißchen aus.
8. Wiederholen Sie die Übung zweimal.

So ist es richtig:
Kommen Sie sehr langsam aus der Stellung heraus.
Ziehen Sie die Knöchel »hoch und weg«, nicht herunter, um die störrischen Knie vom Boden hochzukriegen.
Lassen Sie sich nicht zurückschnellen, sonst verliert die Übung an Wirkung.
Lassen Sie sich nicht irritieren, wenn Ihr Körper beim Ein- und Ausatmen hin- und herschaukelt. Das ist eine äußerst wohltuende Massage.

YOGA-ÜBUNGEN

Abb. 68

Abb. 69

YOGA-ÜBUNGEN

Seitliche Beinhebung

Die Übung formt Hüften und Bauch und wirkt deshalb zweifach.

Ausführung:
1. Setzen Sie sich mit ausgestreckten Beinen auf den Boden.
2. Lehnen Sie sich zurück und legen Sie die Hände unterhalb der Schultern auf den Boden. Die Finger zeigen zur Seite.
3. Knicken Sie die Ellbogen leicht ein, und heben Sie die Zehen nicht mehr als 10 cm vom Boden (Abb. 70).
4. Führen Sie beide Beine über den Boden weit nach rechts (ohne sie dabei zu erheben), während Sie auf die rechte Hüfte rollen.
5. Erheben Sie die Beine so hoch wie möglich, wobei Sie das Gewicht leicht nach links verlagern, so daß der rechte Arm gerade wird (Abb. 71).
6. Führen Sie dann die Beine seitlich herunter, wobei Sie wieder über die Hüfte rollen, nun führen Sie die Beine nach vorn, wieder 10 cm über dem Boden.
7. Wiederholen Sie die Übung zur anderen Seite. Sobald Sie diese Übung besser beherrschen, versuchen Sie, die Beine von einer zur anderen Seite zu bewegen, ohne in der Mitte abzusetzen. (Abb. 72)

So ist es richtig:
Lehnen Sie sich bei dieser Übung nicht zu weit zurück.
Halten Sie den rechten Arm ausgestreckt, wenn die Beine auf der rechten Seite sind.
Wenn Sie die Beine über den Boden führen, dürfen sie nicht höher als 10 cm sein.
Führen Sie die Beine nun zur Seite herunter, nicht nach vorn.

YOGA-ÜBUNGEN

Abb. 70

Abb. 71

Abb. 72

YOGA-ÜBUNGEN

Aufsetzen

Die Übung wirkt gegen Rückenschmerzen, formt das Gesäß und festigt die Bauchmuskulatur.

Ausführung:
1. Legen Sie sich auf den Rücken. Die Knie sind gerade so weit angewinkelt, daß die Fußsohlen flach auf dem Boden stehen.
2. Legen Sie die Hände auf die Schenkel (Abb. 73).
3. Erheben Sie ganz langsam Kopf und Oberkörper, bis zu etwa einem 30-Grad-Winkel vom Boden. Die Hände gleiten dabei an den Oberschenkeln kniewärts. Je nach der Armlänge berühren die Fingerspitzen gerade die Kniekappen.
4. Halten Sie den Rücken so gerade wie möglich und verharren Sie in dieser Stellung 5 bis 30 Sekunden (Abb. 74).
5. Senken Sie sehr langsam den Oberkörper wieder zum Boden zurück und entspannen Sie.
6. Wiederholen Sie diese Übung drei- bis fünfmal.
7. Variation: Falten Sie die Hände hinter dem Kopf und setzen Sie sich fünfmal auf (Abb. 75).

So ist es richtig:
Heben Sie den Oberkörper nicht mehr als 30 Grad. Wenn Ihnen die Übung zu leicht gelingt, d. h. wenn die Rektalmuskeln im Unterleib dabei nicht angespannt werden, können Sie sicher sein, daß der Winkel mehr als 30 Grad ist. Lehnen Sie sich dann ein bißchen weiter zurück.
Atmen Sie während der Übung ganz normal.

Drei weitere Übungen, um die Bauchmuskulatur zu festigen:
Krähe (am 6. Tag)
Ohr zum Knie (am 7. Tag)
Rock'n 'Roll (am 14. Tag)

YOGA-ÜBUNGEN

Abb. 73

Abb. 74

Abb. 75

INNERE EINSTELLUNG

Visualisieren: Der Aufzug

Setzen Sie sich bequem mit aufrechtem Rückgrat und angelehntem Kopf hin. Schließen Sie die Augen und lassen Sie die Hände auf dem Schoß ruhen. Nun stellen Sie sich vor, Sie stünden auf dem höchsten Gebäude der Welt, einem neuen Wolkenkratzer. Es ist so hoch, daß Sie das Gefühl haben, Ihr Kopf würde den Himmel berühren. Betrachten Sie jetzt die Welt mit ihrer atemberaubenden Schönheit, die Ihnen zu Füßen liegt. Jenseits der Stadt erheben sich schneebedeckte Berge. Folgen Sie dem Lauf eines Flüßchens zwischen waldigen Hügeln und sattgrünen Wiesen hindurch. Lassen Sie den inneren Blick über die verschieden bunten Quadrate der Felder schweifen. Lassen Sie die Aussicht in Ihre Seele strömen, tapezieren Sie sie mit diesen Bildern; sie sind die Nahrung der Seele und geben ihr Frieden und Gelassenheit. Nehmen Sie die Landschaft in sich auf.
Betreten Sie nun das Gebäude und gehen Sie zum Aufzugsschacht. Das Haus ist gerade fertiggestellt, und Sie setzen als erster Mensch den Fuß hinein. Die Aufzugtüren gleiten auf, und vor Ihnen liegt eine anheimelnde Kabine, mit Holz getäfelt, warm und einladend, indirekt beleuchtet und von sanften Musikklängen durchweht. Ihre Füße versinken fast in dem weichen, orange-braunen Teppich. Leise schließt sich die Tür hinter Ihnen. Drücken Sie auf den Erdgeschoß-Knopf. Der Aufzug setzt sich in Bewegung, und es wundert Sie gar nicht, wie unendlich langsam er sinkt. Es macht Ihnen nichts aus, denn nun können Sie ein bißchen ausruhen und sich entspannen. Strecken Sie sich am Boden aus, auf dem weichen Polster des Teppichs, dessen frischer Duft Sie umschmeichelt. Der goldene Flor, die warme Beleuchtung und die wohlige Wärme stimmen Sie friedlich, und Sie geben sich diesem Gefühl hin. Unmerklich langsam sinkt der Aufzug hinab und immer weiter hinab. Lassen Sie sich mit ihm sinken, schweben Sie schwerelos, lassen Sie sich mit einem Lächeln auf den Lippen in der Wärme, in dem Frieden, der Heiterkeit treiben. Lassen Sie freundliche Bilder vor Ihrem inneren Auge vorüberziehen. Erheben Sie sich über alle Sorgen, sie liegen in weiter Ferne. Sinken Sie in sich hinein, leicht, glücklich, unbeschwert durch Gedanken, immer weiter hinab, schweigend und schwebend.

SCHÖNHEITSPFLEGE

Der neunte Tag

Das Haar

Neben seiner ursprünglichen Schutzaufgabe verleiht gesundes und gepflegtes Haar vor allem der Frau einen besonderen Reiz, der selbst kleine Gesichtsmängel ausgleichen kann.
Wenn nun aber gerade Frauen über sprödes, sträniges Haar oder brüchige Spitzen klagen, liegt dies oft an einer unvernünftigen und nachlässigen Pflege und Behandlung.
Ebenso wie Finger- und Zehennägel bestehen die Haare aus Eiweißkörpern, den sogenannten Keratinen. Diese unterscheiden sich aber wesentlich von allen anderen Eiweißkörpern durch ihren Gehalt an Cystin-Schwefel, der das Haar und die Nägel besonders widerstandsfähig macht. Jedes Haar hat seine eigene Haarzwiebel, eine Gruppe von Zellen, woraus das Haar wächst. An der Haarwurzel befinden sich winzige Blutgefäße, die Sauerstoff und Nährstoffe zuführen. So richtet sich die Gesundheit des Haares einerseits nach der Qualität der Nährstoffe, die Kopfhaut und Haar vom Organismus erhalten, andererseits danach, wie gut das angereicherte Blut zu- und abfließen kann.
Die Beschaffenheit des Haares hängt ferner von der Sekretion der Talgdrüsen ab, die Kopfhaut und Haar fetten und elastisch erhalten. Bei einer ungenügenden Talgsekretion wird das Haar trocken und spröde – Haarpflegemittel spielen hier eine besondere Rolle –, bei einer Übersekretion rasch fettig und strähnig.

SCHÖNHEITSPFLEGE

Was man tun kann
1. Achten Sie auf reichlich hochwertiges, vor allem pflanzliches Eiweiß auf dem Speisezettel, beispielsweise enthalten in Bierhefe und Sojamehl.
2. Vitamin F (hochungesättigte und lebenswichtige Fettsäuren) gewährleisten eine normale Funktion des Haares und verhindern Haarausfall, enthalten in Ölsaaten und naturbelassenen Pflanzenölen.
3. Vitamin A sorgt für die Funktionstüchtigkeit der Kopfhaut und des Haares und beugt dem Brüchigwerden vor. Vitamin A ist enthalten in Butter, Eigelb, Leber. Provitamin A (Vorstufe des Vitamin A) ist enthalten u. a. in Kohl, Lattich, Spinat, Karotten, Salat, Aprikosen, Tomaten.
4. Regeln Sie die Durchblutung der Kopfhaut an, um die Sauerstoff- und Nährstoffzufuhr an die Haarwurzel zu erleichtern. Massieren Sie regelmäßig die Kopfhaut oder machen Sie Übungen wie Kopfstand und die Kerze.
5. Verwenden Sie für Ihre Haarwäsche ein nicht alkalisches Shampoo und fügen Sie dem letzten Spülwasser einen Schuß Apfelessig oder Zitronensaft zu.
6. Bei rasch nachfettendem Haar empfiehlt sich zum Nachspülen besonders ein Abguß von Panamaholzrinde (50 g in 1 l Wasser 15 Minuten lang köcheln lassen, abseihen).
7. Trockenes und sprödes Haar behandeln Sie mit einer Pflanzenölkur. Das Öl ist mindestens eine Stunde vor der Wäsche aufzutragen. Lassen Sie es unter einer Duschhaube einwirken.
8. Als Haarkur eignet sich sehr gut auch ein geschlagenes Eigelb, das man vor der Wäsche einwirken läßt.
9. Bürsten Sie Ihr Haar abends von allen Seiten gründlich durch. Verwenden Sie aber nur Bürsten mit Naturborsten. Bei sehr fettem Haar sollten Sie das Haar vorzugsweise durchkämmen.
10. Strapazieren Sie Ihr Haar nicht durch zu straffe Frisuren oder scharfe Chemikalien. Schlafen Sie nicht auf Lockenwicklern, da es der Haarstruktur schadet.
11. Ein guter Haarschnitt und das regelmäßige Nachschneiden der Spitzen gehört ebenfalls zur Pflege und Gesunderhaltung des Haares.

SCHLANKHEITSDIÄT

Vitamine

Vitamine sind organische Verbindungen, die für die verschiedenen Stoffwechselfunktionen unerläßlich und daher lebensnotwendig sind. Da der Organismus nicht fähig ist, sie selbst zu bilden, müssen die Vitamine ihm mit der Nahrung zugeführt werden. Dabei sind zur Erhaltung der Gesundheit nur kleine und kleinste Mengen erforderlich; aber schon ein teilweises Fehlen kann zu Mangelerscheinungen und Folgekrankheiten führen.
Vitamine finden wir in allen lebendigen, unverfälschten Nahrungsmitteln tierischer oder pflanzlicher Art. Da die meisten von ihnen aber licht- und luftempfindlich sowie wasserlöslich sind, müssen die Nahrungsmittel nicht nur möglichst frisch sein, sondern auch vitalstoffschonend zubereitet werden.
In der pharmazeutischen Industrie werden schon eine ganze Reihe von chemischen Vitaminen produziert. Das verleitet vielfach zu der falschen Annahme, man könne eine gesundheitlich nachlässige, vitaminarme Kost einfach durch die Einnahme solcher Vitamintabletten ausgleichen. Es ist aber nicht möglich, eine entwertete, denaturierte Ernährung oder Nahrungsmittel durch künstliche Vitamine wieder vollwertig zu machen. Sie haben nämlich nur einen begrenzten Zusatzwert und sind nur dann wirkungsvoll, wenn gleichzeitig Vitamine natürlichen Ursprungs aufgenommen werden. Beispielsweise ist Skorbut mit synthetischem Vitamin C allein nicht heilbar, jedoch mit natürlichem C in frischem Obst und Gemüse, was daran liegt, daß das natürliche Vitamin C gleichzeitig das Vitamin C 2 oder P enthält, während diese Kombination dem künstlichen C-Vitamin fehlt.
Chemische Vitamine sollten dem Ausnahmefall, also akuten Anlässen vorbehalten bleiben, welche wiederum einer ärztlichen Diagnose bedürfen.
Bei dem vielseitigen Angebot an natürlichen und gesunden Nahrungsmitteln müßten Mangelerscheinungen eigentlich so gut wie unbekannt sein. Ihnen vorzubeugen liegt deshalb ganz allein an der vernünftigen Ernährungsweise eines jeden einzelnen.
An den zutreffenden Stellen finden Sie jeweils Hinweise auf bestimmte Vitamine, sei es im Rahmen des Schönheitsprogramms oder bei bestimmten Beschwerden.

SCHLANKHEITSDIÄT

Tagesmenü

Frühstück: 6 getrocknete Aprikosenhälften
1 Tasse Haferbrei, gekocht
1/2 Tasse Magermilch

2. Frühstück: 8 Mandeln und
1 Eßl. Sonnenblumenkerne oder
1 Tasse Weizenkeime

Mittagessen: 2 weichgekochte Eier
1 Scheibe getoastetes Roggenbrot
1 Messerspitze Butter oder
1 Weizenkeim- oder Sojamehl-Brötchen mit
1 Messerspitze Butter

Nachmittag: 1 Tasse geraspelte Karotten oder Sellerie
1 Tomate in Scheiben

Abendessen: 120 g gedünsteten Fisch (Lachs, Kabeljau oder Heilbutt)
1 Tasse gedünstete Brokkoli
1 Tasse gedünstete Karotten

Betthupferl: 1 Apfel oder
1/2 Melone

YOGA-ÜBUNGEN

Das Gesäß

Diese Übungen, die den unteren Teil des Rückens, das Gesäß und die Außenseite der Schenkel straffen, erfordern Konzentration beim Zurückbeugen.

Die Atemübung für heute ist die *Wechselseitige Nasenatmung III:* Sie weitet die Lungen, erfrischt den Körper, lindert Depressionen und Schlaflosigkeit.
1. Setzen Sie sich bequem in den Schneidersitz, Rücken gerade. Ausatmen.
2. Heben Sie die rechte Hand und schließen Sie mit dem Daumen das rechte Nasenloch.
3. Holen Sie tief Luft durch das linke Nasenloch, wobei Sie bis vier zählen.
4. Schließen Sie mit dem Ringfinger das linke Nasenloch und halten Sie 1 bis 4 Sekunden lang den Atem an.
5. Öffnen Sie das rechte Nasenloch und atmen Sie aus, indem Sie die Ausatmung 4 bis 8 Sekunden lang ausdehnen. Je länger das Ausatmen dauert, desto besser. Konzentrieren Sie sich vollkommen darauf, die Lungen zu leeren.
6. Atmen Sie nun wieder durch das rechte Nasenloch ein, wobei Sie bis vier zählen.
7. Schließen Sie wieder mit dem Ringfinger das Nasenloch und halten Sie 1 bis 4 Sekunden lang die Luft an.
8. Atmen Sie durch das linke Nasenloch 4 bis 8 Sekunden lang aus. Das ergibt einen Atmungsturnus.
9. Wiederholen Sie weitere fünfmal den ganzen Turnus dieser wechselseitigen Nasenatmung, oder bis zu 10 Minuten, wenn Sie unter Schlaflosigkeit leiden.
10. Versuchen Sie, auf einen Rhythmus 4:4:8 zu kommen.

YOGA-ÜBUNGEN

Halbe Heuschrecke

Die Übung stärkt und festigt Gesäß, Bauch und Schenkel und fördert den Gewichtabbau an diesen Körperteilen.

Ausführung:
1. Legen Sie sich auf den Bauch. Die Hände liegen mit den Handflächen nach oben neben Ihrem Körper.
2. Heben Sie den Kopf, und stützen Sie das Kinn auf den Boden (Abb. 76).
3. Indem Sie die Arme gegen den Boden drücken, atmen Sie ein und heben langsam das rechte Bein, so hoch Sie können, lassen Sie es dabei gestreckt (Abb. 77).
4. Verharren Sie in der Stellung, wobei Sie 5 bis 10 Sekunden den Atem anhalten. Atmen Sie aus, während Sie das Bein wieder auf den Boden bringen. Entspannen Sie.
5. Wiederholen Sie mit dem anderen Bein, passen Sie auf, daß Ihr Körper nicht auf die Seite mit dem ausgestreckten Bein rollt.
6. Als Variation: Machen Sie eine Faust, die Daumen ausgestreckt, die Zeigefinger zeigen in der Faust nach unten. Legen Sie die Fäuste unter die Hüfte.
7. Weitere Variation: Umfassen Sie die Hände mit überkreuzten Handgelenken (Abb. 78) und legen Sie die gestreckten Arme unter den Bauch. Dann Übung wie 2 und 3.

So ist es richtig:
Es hilft gegen Rückenschwäche, wenn Sie einige Wochen lang nur die halbe Heuschrecke üben. Profitieren Sie von der Hebelwirkung, wenn Sie Kinn und Arme fest gegen den Boden drücken. Versuchen Sie, die Knie durchgedrückt zu halten.
Kommen Sie sehr langsam aus der Stellung. Die Wirkung verpufft, wenn Sie sich zurückschnellen lassen.

YOGA-ÜBUNGEN

Abb. 76

Abb. 77

Abb. 78

107

YOGA-ÜBUNGEN

Halbe Brücke

Die Übung bringt Erleichterung bei Rückenschmerzen und trainiert Hüften und Gesäßmuskel.

Ausführung:
1. Legen Sie sich auf den Rücken, Knie angezogen, Füße flach auf den Boden, die Arme neben Ihrem Körper.
2. Ziehen Sie die Füße so nah wie möglich an das Gesäß, aber nicht mit Gewalt (Abb. 79).
3. Atmen Sie aus, und kippen Sie das Becken so weit wie möglich hoch. Die unteren Brustwirbel bleiben auf dem Boden. Sie dürfen Ihr Becken nicht nach oben heben, sondern nur hochkippen (Abb. 80).
4. Verharren Sie in der Stellung, atmen Sie aus und senken Sie das Becken wieder, wiederholen Sie noch einmal.
5. Atmen Sie ein und heben Sie Gesäß und Unterkörper so hoch wie möglich (Abb. 81).
6. Verlagern Sie das Gewicht auf die Schultern, entspannen Sie die Arme und atmen Sie ganz normal.
7. Verharren Sie 5 bis 30 Sekunden. Atmen Sie aus, gehen Sie langsam zurück und entspannen Sie, indem Sie Wirbel für Wirbel in die Ausgangsstellung zurückrollen. Wiederholen Sie drei- bis viermal.

Variation 1:
1. Wiederholen Sie die Stufen 1 bis 6.
2. Strecken Sie nun ein Bein aus, verharren Sie, entspannen sie.

So ist es richtig:
Sie sollen das Becken bei den Stufen 1 bis 4 nur kippen und nicht hochheben. Ihr Gesäß darf nicht ganz vom Boden entfernt sein. Sie müssen fast das Gefühl haben, die Gesäßbacken zusammenzukneifen. Es sind nicht die Arme, die Ihr Gewicht tragen. Verlagern Sie es auf die Schultern und entspannen Sie die Arme, so locker es geht.

YOGA-ÜBUNGEN

Abb. 79

Abb. 80

Abb. 81

YOGA-ÜBUNGEN

Becken-Streckung

Die Übung stärkt und festigt Beine und Hüften, desgleichen Schenkel und Bauch.

Ausführung:
1. Knien Sie sich mit geschlossenen Füßen auf die Fersen.
2. Legen Sie die rechte Hand hinter sich auf den Boden. Die Finger zeigen nach hinten, die Ellbogen sind durchgedrückt.
3. Legen Sie die linke Hand entsprechend auf die andere Seite. Beide Hände ruhen jetzt unterhalb der Schultern auf dem Boden.
4. Lassen Sie den Kopf nach hinten hängen (Abb. 82).
5. Drücken Sie jetzt das Becken vor und hoch, so weit Sie können. Verharren Sie 5 bis 30 Sekunden in dieser Stellung (Abb. 83).
6. Senken Sie das Becken langsam und gehen Sie in die Stellung des »*Zusammengerollten Blattes*«. Der Kopf ruht auf dem Boden, die Brust ist gegen die Knie gedrückt, das Gesäß ruht auf den Fersen, die Arme liegen zu beiden Seiten des Körpers. Diese Übung gleicht die starke Rückwärtsdehnung wieder aus.
7. Wiederholen Sie die Stufen 1 bis 5, wobei Sie versuchen, jedesmal die Hände weiter nach hinten zu legen, bis Sie es eines Tages schaffen, sich auf Ihre Ellbogen und Schultern aufzustützen (Abb. 84). Schließen Sie die Übung jedesmal mit dem »*Zusammengerollten Blatt*« ab.
8. Machen Sie die Übung insgesamt dreimal.

So ist es richtig:
Vergessen Sie nicht, das Becken nach oben zu drücken. Das Gesäß darf nicht mehr auf den Fersen ruhen. Die gesamte Vorderseite des Körpers sollte einen Bogen beschreiben. Der Übung sollte jedesmal eine Vorwärtsbeugung folgen, um die extreme Beugung nach rückwärts auszugleichen.

Andere Übungen, die ausgezeichnet für eine Straffung von Gesäß, Hüften und Schenkel sind:
Bogen (am 8. Tag)
Kobra (am 6. Tag)
Aufsetzen (am 8. Tag)

YOGA-ÜBUNGEN

Abb. 82

Abb. 83

Abb. 84

INNERE EINSTELLUNG

Gebet und Meditation

Was ist der Unterschied zwischen Gebet und Meditation? Beides sind Erfahrungen mit dem Übersinnlichen, eine Kommunikation mit einem höheren Wesen. In der Meditation äußern wir keine spezifische Bitte und sollten das auch im Gebet nicht tun, nicht um ein neues Haus, Gesundheit oder beruflichen Erfolg, sondern um Rat und Führung beten.

Und doch sprach Jesus: »Macht euch keine Sorgen um das, was ihr essen und trinken und was ihr anziehen werdet. Damit plagen sich Menschen, die Gott nicht kennen. Unser Vater im Himmel weiß, daß ihr all das braucht. Sorgt euch zuerst darum, daß ihr euch seiner Herrschaft unterstellt und tut, was er verlangt, so wird er euch mit allem anderen versorgen.«

Wer inneren Frieden durch das Gebet oder durch Meditation sucht, muß äußerliche Wünsche hintanstellen und sich für die Kommunion mit dem Geistigen aufschließen. Insofern haben beide Wege die gleichen Möglichkeiten der Verinnerlichung: der rastlose Geist kommt zur Ruhe, und die Gelassenheit kann einfließen. Der Grad der Hingabe bei Gebet oder Meditation ist nicht meßbar, aber zweifellos vertieft das eine das andere.

Dem Gebet wie der Meditation sind gemeinsam, daß sie totale Versenkung verlangen und bringen, aus der heraus die Kraft resultiert, mit Problemen fertig zu werden, und das durch eine Eingebung, die aus dem Weltall zu strömen scheint.

SCHÖNHEITSPFLEGE

Der zehnte Tag

Haarprobleme

Graue Haare

Das Ergrauen der Haare tritt hauptsächlich als Begleiterscheinung des Alterns auf und kann somit nicht als ein echtes Haarproblem bezeichnet werden, wenngleich psychische und nervöse Einflüsse beschleunigend wirken können. Die Pigmentbildung des Haares läßt sich aber auch durch einige Substanzen fördern und unterstützen, so durch Magnesium, Kalzium und Kupfer, die reichlich in frischem Obst und rohem Gemüse enthalten sind.

Haarausfall

Ein weitaus schwerwiegenderes Problem stellt der krankhafte Haarausfall mit folgender Kahlköpfigkeit dar, wovon auch immer mehr Frauen betroffen werden. Da anormaler Haarausfall (mehr als 30–40 Haare pro Tag) bei Naturvölkern nicht auftritt, muß man ihn als Zivilisationserscheinung ansehen, bedingt durch unsere Lebens- und Ernährungsweise. Doch sind die Erkenntnisse über das krankhafte Geschehen beim Haarausfall noch recht spärlich.

Forschungsarbeiten in USA zufolge ist der Haarausfall bei rund 80 Prozent der daran leidenden untersuchten Personen auf eine übermäßige Talgsekretion (Seborrhoe der Kopfhaut) zurückzuführen, die in enger Beziehung zu der inneren Sekretion (Hormondrüsen) steht. Die meisten dieser Fälle seien mit einer Haarlotion auf Progesteronbasis (Gelbkörperhormon) zu beeinflussen, und der Haarausfall zu beheben. Präparate auf Progesteronbasis sollen äußerlich angewandt zwar keine Nebenwirkungen nach sich ziehen, sind verständlicherweise aber nur über den Arzt zu bekommen, der allein feststellen kann, ob solche Mittel überhaupt angezeigt sind.

SCHÖNHEITSPFLEGE

Was man tun kann
1. Ob es sich bei Haarausfall nur um eine vorübergehende, nervöse Erscheinung oder ein krankhaftes Geschehen handelt, sollten Sie den Facharzt befragen und – wenn nötig – behandeln lassen.
2. Nehmen Sie kurweise Algentabletten ein. Die natürlichen Wirkstoffe wie Vitamine, Mineralstoffe und Spurenelemente kommen Ihrem Organismus und den Haaren zugute.
3. Sorgen Sie für viel Vitamin B 5 in der Ernährung. Es spielt eine bedeutende Rolle im Haarwachstum. Es verbessert Seborrhoe und beugt Haarausfall vor, u. a. enthalten in Bierhefe, Eigelb, Tomaten, grünem Gemüse und Leber.
4. Vitamin F (hochungesättigte lebenswichtige Fettsäuren) gewährleisten eine regelrechte Funktion des Haares und verhindern Haarausfall, u. a. enthalten in Ölsaaten und naturbelassenen Pflanzenölen.
5. Vitamin C beeinflußt das innersekretorische Geschehen, enthalten in Zitrusfrüchten, Äpfeln, Tomaten, Zwiebeln, Kartoffeln.
6. Um die Zufuhr von Nährstoffen an die Kopfhaut und das Haar zu erleichtern, können Sie mit einer Kopfhautmassage die Durchblutung anregen.
7. Straffe Frisuren strapazieren das Haar und behindern die Atmung der Kopfhaut.

Mineralstoffe und Spurenelemente

Während die Bedeutung der Vitamine im allgemeinen ausreichend bekannt ist, wird die Lebensnotwendigkeit der Mineralstoffe und Spurenelemente oft übersehen oder unterschätzt.

Unter Mineralstoffen verstehen wir anorganische Stoffe oder Verbindungen wie Kalzium, Kalium, Magnesium oder Phosphor, die von der Pflanze in eine vom Menschen assimilierbare Form umgewandelt werden und die der Körper für die regelrechte Abwicklung seines Auf- und Abbaus benötigt.

Der Gehalt an Mineralstoffen des menschlichen Körpers beträgt in etwa 5 %, wovon ständig ein Teil ausgeschieden wird und wieder ersetzt werden muß, was nur durch naturbelassene Nahrungsmittel gewährleistet ist.

Spurenelemente wie Eisen, Kupfer, Kobalt, Mangan und Zink usw. sind Elemente, die nur in winzigsten Mengen (Spuren) vom Körper benötigt werden. Trotzdem sind sie unentbehrliche Wirkstoffe für die enzymatische Steuerung aller organischen Vorgänge.

Wie wichtig die regelmäßige und ausreichende Zufuhr von Mineralstoffen und Spurenelementen zur Aufrechterhaltung der Gesundheit ist, verdeutlichen nur einige Beispiele:

Vitamin B 12 kann im Körper nur voll wirksam werden, wenn gleichzeitig Kobalt, Mangan und Zink anwesend sind. Kobalt ist auch erforderlich für die Fixierung von Eisen. Der Anteil von Kupfer im Organismus beträgt nur 0,0004 %. Trotzdem ist Kupfer unentbehrlich für ein gesundes Zellenleben, kontrolliert die Gerinnsel-Zellen des Blutes und unterstützt das Gleichgewicht der Schilddrüsensekretion.

SCHLANKHEITSDIÄT

Tagesmenü

Frühstück: 1/2 Grapefruit
6 getrocknete Aprikosenhälften
2 Rühreier mit Milch

2. Frühstück: 1 mittelgroßer Apfel oder
1 Scheibe Käse (Münster, Cheddar oder Gruyère)

Mittagessen: Ananasmixgetränk wie im Tagesmenü des 4. Tages,
aber ohne Ei
oder Salat wie im Tagesmenü des 6. Tages

Nachmittag: 1 Eßl. Honig oder
2 Teel. Frischkäse
1 Weizenkeks

Abendessen: 100 g Seezungenfilet oder Krabbben mit Zitronensaft
3/4 Tasse Kartoffelbrei mit
1 Messerspitze Butter
geraspelte Karotten und Sellerie

Betthupferl: 1 Tasse Gemüsesuppe mit Roten Beeten oder
1 Tasse Hühnerbrühe mit
1 Eßl. Sojamehl

SCHLANKHEITSDIÄT

Hüften

Gegen »Reithosenschenkel« wirken am besten ein Druck auf diese Körperteile oder Seitwärtsbeugungen.

Die Atemübung für heute ist *Schmerz-Wegatmen* oder die *Positive Atmung:*
Wenn Sie Ihre Gedanken von negativen Bahnen oder von Schmerzen befreien wollen, dann versuchen Sie diese ausgezeichnete Übung:
1. Legen Sie sich auf den Rücken, atmen Sie dabei tief und rhythmisch.
2. Konzentrieren Sie sich darauf, alle negativen Gedanken und alle Schmerzen wegzuatmen. Beginnen Sie mit Ausatmen.
3. Atmen Sie tief ein. Lenken Sie alle Lebenskraft, alle Energie, die jedes neue Einatmen schenkt, zum Schmerzzentrum hin (seien es Kopf-, Zahn-, Rücken-, Menstruations- oder andere Schmerzen).
4. Atmen Sie langsam aus in der bewußten Vorstellung, daß mit jedem Ausatmen der Schmerz verfliegt.
5. Es hat sich als gut erwiesen, vor dieser Übung ein halbes Glas kühles Wasser zu trinken.

YOGA-ÜBUNGEN

Gang auf den Hüften

Die Übung wirkt auf Gesäß und Hüften und trainiert Arme und Beine. Eine ausgezeichnete Übung für jung und alt.

Ausführung:
1. Setzen Sie sich mit ausgestreckten Beinen auf den Boden. Halten Sie während der ganzen Übung die Knie durchgedrückt.
2. Winkeln Sie die Ellbogen an. Führen Sie die Hände locker vor der Brust zusammen (Abb. 85).
3. Beginnen Sie, sich auf Ihren Hüften vorwärtszubewegen, indem Sie erst die Ferse des einen, dann die des anderen Fußes abstoßen (Abb. 86).
4. Rollen Sie sich regelrecht von einer Hüftseite auf die andere, indem Sie bei jedem »Schritt« ein bißchen kippen, bis eine Gesäßhälfte vom Boden ist.
5. Lassen Sie die Arme mitmachen, das heißt, Ihr rechter Ellbogen geht nach vorn, wenn sich die linke Gesäßhälfte vom Boden bewegt, und umgekehrt.
6. »Laufen« Sie zur Wand und zurück.

So ist es richtig:
Pressen Sie sich in der Bewegung gegen den Boden, damit das Fettgewebe richtig massiert wird. Drücken Sie sich mit den Fersen, nicht mit den Zehen ab.

YOGA-ÜBUNGEN

Abb. 85

Abb. 86

YOGA-ÜBUNGEN

Twist-Rollen

Die Übung verlagert das Körpergewicht auf die äußere Hüfte, wirkt dort gegen das Fett ein und festigt gleichzeitig die Bauchgegend.

Ausführung:
1. Legen Sie sich mit seitlich ausgestreckten Armen auf den Boden. Ausatmen.
2. Atmen Sie ein, winkeln Sie die Knie an und ziehen sie gegen die Brust.
3. Atmen Sie aus, rollen Sie mit den Knien nach links, wobei Sie den Kopf nach rechts wenden. Achten Sie darauf, daß beide Schultern am Boden bleiben. Verharren Sie (Abb. 87).
4. Atmen Sie ein, bringen Sie die Beine hoch und rollen Sie rechts hinüber, drehen Sie den Kopf dabei nach links und verharren Sie.
5. Wiederholen Sie die ganze Folge noch mindestens dreimal, wobei Sie zwischendurch verharren oder die Übung in einer Bewegung ausführen.
6. Variation: Anstatt die Knie zur Brust zu ziehen, können Sie auch die Fersen gegen das Gesäß führen, die Füße bleiben dabei am Boden. Legen Sie die Knie nach rechts und links (Abb. 88).
7. Variation: Eine ausgezeichnete Übung für Taille, Magengegend und Oberschenkel: Lassen Sie die Beine ausgestreckt, heben Sie ein Bein und führen es über das andere hinweg auf den Boden. Drehen Sie den Kopf dabei in die andere Richtung (Abb. 89).

So ist es richtig:
Zwingen Sie die Knie nicht bis ganz auf den Boden, wenn dabei die Schultern leicht hochgehen. Sie können die Knie auf ein Kissen legen. Die Drehbewegung hat eine therapeutische Wirkung auf die Wirbelsäule.

YOGA-ÜBUNGEN

Abb. 87

Abb. 88

Abb. 89

YOGA-ÜBUNGEN

Hüftbeuge

Die Übung dehnt hervorragend auf der einen Seite, während auf der anderen Seite die Speckfalten getrimmt werden.

Ausführung:
1. Stellen Sie sich aufrecht hin, die Füße ungefähr einen Meter gespreizt, die Arme über dem Kopf verschränkt (Abb. 90).
2. Beugen Sie nun den Oberkörper so weit wie möglich nach links. Die Dehnung soll seitlich erfolgen, vermeiden Sie also, daß der Körper sich in der Taille nach vorn beugt. Verharren Sie 5 Sekunden, wobei Sie den Atem anhalten. Falls Sie länger in der Stellung verharren, atmen Sie dabei normal, während Sie sich bei jedem Ausatmen weiter beugen (Abb. 91).
3. Wiederholen Sie die Übung zur rechten Seite.
4. Wiederholen Sie nach beiden Seiten noch dreimal.

So ist es richtig:
Verlagern Sie das Gewicht auf die rechte Hüfte, wenn Sie mit den Armen nach links gehen, und umgekehrt.
Verkrampfen Sie nicht. Bei jedem Ausatmen lockern.

Andere Übungen, die dem Hüftspeck zu Leibe rücken:
Halbe Heuschrecke (am 9. Tag)
Seitliche Beinhebung (am 8. Tag)
Seitliche Hebung (am 11. Tag)

YOGA-ÜBUNGEN

Abb. 90   Abb. 91

INNERE EINSTELLUNG

Meditation über einen Satz

Das Bedürfnis des modernen Menschen nach fortwährender Abwechslung, nach hektischen Aktivitäten und dauerndem Verschleiß aller Energien wird häufig beklagt. Diese Lebensauffassung bringt mit sich, daß die Konzentrationsfähigkeit nachläßt und daß man sich wenig Zeit einräumt, um nachzudenken, überlegte Entschlüsse zu fassen und Probleme mit Geduld zu lösen. Im Alltagstrubel erfaßt uns dann plötzlich die Sehnsucht nach Ruhe, Einsamkeit, nach der Wahrheit und Weisheit. Einen Zipfel davon kann man erhaschen, wenn man sich Konzentrationsübungen widmet.
Stellen Sie sich einen schönen, ruhigen Waldsee vor. Kein Windstoß wühlt die Oberfläche auf, sie liegt so glatt wie Glas in der Sonne. Das eigene Ebenbild ist so klar wie ein Spiegel zu erkennen. Wenn nun die Wasserfläche durch eine tanzende Mücke, einen schnappenden Fisch oder eine Brise in Bewegung gerät, ist das eigene Abbild plötzlich verzerrt und unkenntlich.
Dieser Vorgang mag die Meditation verdeutlichen. Wenn man alle unguten Gedanken aus dem Gehirn verbannt hat (die glatte Wasserfläche), wenn man sich auf einen Gegenstand konzentriert (den Kerzenschein oder den Apfel), ihn sich von allen Seiten vorgestellt und sich hinein versenkt hat, wenn wirklich alle Facetten erschöpft sind, dann setzt eine große Ruhe ein. Was wird nun kommen? Plötzlich spürt man eine Inspiration und Denkanstöße in bisher unbekannte Richtungen, eine Erleuchtung.
Heute gehen wir über die Betrachtung eines konkreten Gegenstandes oder über die Wiederholung eines Begriffs hinaus und wenden uns einem ganzen Satz zu. Dieser Satz kann aus jedem Bereich Ihrer Erlebniswelt, Ihrer Religion oder Philosophie stammen; er muß nur anregend und positiv sein. Mein Lieblingssatz ist: »Gott ist Licht«, und während ich ihn im Geist wiederhole, sehe ich dieses Licht deutlich vor mir. Ich visualisiere das Licht mitten in meiner Stirn, es breitet sich aus bis ins Herz, in meinen ganzen Körper, erfüllt den Raum, die Straße, die Stadt, das ganze Land und schließlich den Kontinent und die weite Welt mit seinem hellen Schein der Liebe.

SCHÖNHEITSPFLEGE

Der elfte Tag

Cellulite – ein Frauenproblem

Vier von fünf Frauen mit oder ohne Übergewicht leiden an Cellulite. Aber was ist das eigentlich, das sich als Orangenhautphänomen an Schenkeln, Gesäß und Hüften, aber auch Bauch und Busen abzeichnet? Fälschlicherweise wird vielfach noch immer angenommen, daß es sich bei der Cellulite um Anhäufungen von Giftstoffen oder Ansammlungen von Gewebswasser handelt oder daß Cellulite etwas mit Fettsucht gemein haben müsse. Bei Fettsucht ist nämlich ein Übermaß von Fettzellen vorhanden, die physiologisch aber einwandfrei gesund sind.
Wenn wir nun der Cellulite ein bißchen auf den Grund gehen, werden wir feststellen, daß wir es nicht mit einer Krankheit im wissenschaftlichen Sinne zu tun haben, sondern mit einem Entartungsphänomen bzw. einem lokalen Alterungsprozeß.
Das Unterhautfettgewebe besteht aus Milliarden von kleinen Zellen, verbunden durch das Bindegewebe, wobei man zwischen Bindegewebestruktur – Fasern – und der Grundsubstanz unterscheidet. Diese Grundsubstanz ist gelartig und besteht aus sogenannten Polysacchariden, darunter die bedeutenden Säuren Mucopolysacchariden, in der Grundsubstanz befinden sich auch winzige Stammzellen oder Lymphozyten (nach Maximow), die sich in verschiedenste Zellen (Fettzellen, Fibrillen, Kapillare) differenzieren können. Über diese Grundsubstanz erfolgt auch der gesamte Zellstoffwechsel. Über sie werden die Fettzellen von kleinen Blutgefäßen aus mit Sauerstoff und Nährstoffen versorgt. Solange diese Grundsubstanz in Ordnung ist, sind auch das Bindegewebe und die Fettzellen gesund.

Mit zunehmendem Alter, aber auch durch umweltbedingte Störungen wie falsche Ernährungsweise, Nikotin- und Alkoholmißbrauch, Streß sowie durch hormonelle Faktoren oder erbliche Belastung kommt es zu lokalen Veränderungen in der Grund-

SCHÖNHEITSPFLEGE

substanz des Bindegewebes. Die Grundsubstanz und mit ihr der Gehalt an Säuren, Mucopolysacchariden vermindert sich. Die Bindegewebsstruktur (Fasern) wird immer engmaschiger und verfilzt (sklerosiert).
Dies hat zur Folge, daß die Zellen nicht mehr ausreichend ernährt werden können, bis sie schließlich an »Unterernährung« sterben. Die Zellwand platzt, und das in der Zelle enthaltene Fett wird frei.
Dieser Vorgang kommt einer lokalen Katastrophe gleich, denn es sterben ja nicht wenige, sondern Millionen Zellen, deren freigewordenes Fett sich mit der noch vorhandenen Grundsubstanz bindet. Das noch intakte Bindegewebe bemerkt diese Veränderung sofort und reagiert auf das freigewordene Fett wie auf körperfremde Substanzen. Es bildet um das Fett einen Gürtel von sklerosierten Fasern und kapselt es ein.
Dieser Tatsache zufolge wird man Cellulite niemals mit Massage oder Gymnastik und ähnlichen Übungen beheben können, auch nicht mit Entwässerungskuren – da es sich um keine Wasseransammlung handelt – und selbst nicht mit »Entfettungspräparaten«, die das Fett abbauen sollen. Das aus den gesprungenen Zellen stammende und eingekapselte Fett läßt sich nicht einfach ausscheiden, wegnehmen oder gar zerstören.

Was man tun kann
Ein Präparat zur Behandlung von Cellulite muß Wirkstoffe enthalten, die das Bindegewebe regenerieren können. Es müssen lokal und von außen der Haut Substanzen (Bausteine) geliefert werden, damit sich die Grundsubstanz wieder aufbauen kann und die in ihr lebenden Stammzellen dazu angeregt werden, sich zu differenzieren in verschiedene Zellen, Bindegewebsfasern und Blutgefäße mit einem geordneten Stoffwechsel, über den nun das freigewordene Fett abgeführt und durch neue Fettzellen ersetzt werden kann.
Für diese Bindegewebsregeneration werden Präparate benötigt, die die Bausteine zur Bildung von Säuren Mucopolysacchariden enthalten und die Haut durchdringen können, da der Wiederaufbau des Bindegewebes direkt vom Gehalt an Säuren Mucopolysacchariden abhängig ist.
Nach den bisherigen wissenschaftlichen Erkenntnissen auf diesem Sektor ist dies der einzige Weg, die Cellulite wirkungsvoll zu behandeln. Diese bestimmten Bausteine der Säuren Mucopolysacchariden sind aber nicht nur in der Lage, Cellulite zu beheben, sondern führen aufgrund ihrer Erneuerung der Haut wieder Feuchtigkeit zu und geben ihr die jugendlich elastischen Eigenschaften zurück.

SCHLANKHEITSDIÄT

Eiweiß

Unser gesamter Körper, angefangen mit den Nägeln, Haaren und der Haut bis hin zu den Organen, Blut, den Hormonen und Enzymen setzt sich aus Zellen zusammen, die wiederum zum größten Teil aus Eiweiß oder Protein bestehen. Für ihren Aufbau und die Instandhaltung ihrer Struktur sind die Zellen auf ständiges Eiweiß angewiesen, das im Gegensatz zu Kohlenhydraten und Fetten nicht im Körper gespeichert werden kann.

Das mit der täglichen Nahrung aufgenommene Eiweiß – sei es pflanzlichen oder tierischen Ursprungs – wird mit Hilfe von Enzymen zu Protein-Bausteinen, den Aminosäuren, abgebaut. Nicht alle Aminosäuren aber, die der Organismus zur Bildung von körpereigenem Eiweiß benötigt, kann er selbst synthetisieren. Es handelt sich hier um acht essentielle Aminosäuren, die unbedingt in der Ernährung enthalten sein müssen. So beispielsweise in Fleisch, Fisch und Soja.

Eiweiß finden wir in Obst, Gemüse, Korn und anderen Lebensmitteln, jedoch in ganz unterschiedlichen Konzentrationen: in Kartoffeln 2%, in Avocados 2%, in Brot 7%, in Hülsenfrüchten 24%, in Bierhefe 40%, in Magersojamehl 50%.

Vom pflanzenfressenden Tier finden wir vollwertiges Eiweiß in Milch 3,5%, in Eiern 6%, in Fisch 15 bis 18%, in Käse 30%, in Rinder-, Kalb- und Schweinefleisch 20%.

SCHLANKHEITSDIÄT

Tagesmenü

Frühstück: 1/2 zermuste Banane oder
1/4 Tasse Getreideflocken oder
1/4 Tasse Bircher Müsli mit wenig Magermilch

2. Frühstück: 3 getrocknete Aprikosenhälften oder
1/2 Melone

Mittagessen: 1 Teel. Hefeflocken oder
1 Teel. Sojamehl in
1 Glas Orangensaft
1 weichgekochtes Ei
1 Tasse gekochten Spinat

Nachmittag: 1 mittelgroßer Apfel oder
1/2 Melone

Abendessen: 2 Tassen grüner Salat mit
1/2 Eßl. Essig-Öl-Marinade
1/2 Tasse Krabben oder Langusten
6 kalte Spargel mit Zitronensaft
1 Scheibe Käse (Cheddar, Gruyère oder Münster)

Betthupferl: 10 Mandeln oder
2 Teel. Pinienkerne

YOGA-ÜBUNGEN

Oberschenkel

Die Übungen für heute sollen die Schenkelmuskulatur stärken und die Cellulite mindern.

Die Atemübung für heute ist die *Summende Atmung,* eine ausgezeichnete Übung gegen Schlaflosigkeit:
1. Führen Sie die Tiefenatmung aus (siehe 3. Tag).
2. Beim zweitenmal summen Sie beim Ausatmen durch die Nase, die Lippen berühren sich kaum.
3. Wiederholen Sie die Atmung drei- bis zehnmal, summen Sie dabei wie eine aufgescheuchte Biene.

YOGA-ÜBUNGEN

Seitliche Hebung

Festigt und reduziert Gewicht an Schenkeln, Hüften und Gesäß, ist eine Wohltat für die gesamte Beckengegend.

Ausführung:
1. Legen Sie sich auf Ihre rechte Seite, Beine geschlossen, rechten Arm nahe am Kopf ausgestreckt.
2. Heben Sie Ihren Kopf und unterstützen Sie ihn so mit der rechten Handfläche, daß die Hälfte des Ohres bedeckt ist. Die linke Hand legen Sie mit der Handfläche nach unten vor der Brust auf den Boden (Abb. 92).
3. Stützen Sie sich auf die linke Hand und nutzen Sie die entstehende Hebelwirkung, um das linke Bein langsam und möglichst hoch zu heben. Achten Sie darauf, daß Ihr Körper eine gerade Linie bildet und die Knie gestreckt bleiben (Abb. 93).
4. Verharren Sie 5 bis 20 Sekunden in dieser Stellung und atmen Sie normal.
5. Atmen Sie aus und senken Sie dabei langsam das Bein. Entspannen Sie.
6. Während Sie ausatmen, heben Sie beide Beine gleichzeitig, Knie und Knöchel berühren sich dabei (Abb. 94).
7. Wiederholen Sie die Übung zur anderen Seite.

So ist es richtig:
Achten Sie darauf, daß Ihr Körper während der ganzen Übung eine gerade Linie bildet und das Gesäß nicht herausgedrückt wird, wenn sich das Bein anhebt.
Bringen Sie das Bein genauso langsam wieder zum Boden zurück, wie Sie es hochgestreckt haben.
Üben Sie nur so weit, wie das ohne Mühe und Schmerzen möglich ist.

YOGA-ÜBUNGEN

Abb. 92

Abb. 93

Abb. 94

YOGA-ÜBUNGEN

Stirn zum Boden

Die Übung stärkt und festigt Schenkel und Waden, zudem Gleichgewicht und Bewegungsanmut.

Ausführung:
1. Stellen Sie sich aufrecht hin, die Beine ungefähr einen Meter gespreizt.
2. Setzen Sie den rechten Fuß in einen 90-Grad-Winkel zum Körper, der linke Fuß zeigt gerade nach vorn (Abb. 95).
3. Beugen Sie das rechte Knie und verlagern Sie das Körpergewicht auf das rechte Bein.
4. Atmen Sie aus, falten Sie die Hände hinter dem Rücken, neigen Sie den Oberkörper nach vorn, bis die Brust auf dem rechten Schenkel ruht (Abb. 96).
5. Lassen Sie gleichzeitig das linke Bein so weit wie möglich nach hinten gleiten, während das Knie ganz gestreckt bleibt.
6. Wenn Sie Ihr Gleichgewicht gefunden haben, schieben Sie langsam die Brust vom Schenkel weg, innen am Bein in Richtung Boden und versuchen, mit der Stirn den Boden zu berühren (Abb. 97).
7. Verharren Sie 10 bis 30 Sekunden und atmen Sie dabei normal.
8. Atmen Sie aus, richten Sie sich langsam auf und entspannen Sie.
9. Wiederholen Sie die Übung zur anderen Seite, dann auf beiden Seiten noch zweimal.

So ist es richtig:
Achten Sie darauf, daß der linke Fuß nach vorn gerichtet ist, das verbessert das Gleichgewicht. Anfangs können Sie sich mit den Händen abstützen.
Machen Sie keine ruckartigen Bewegungen; erzwingen Sie nichts, um die Stirn zum Boden zu bringen. Versuchen Sie nur, durch Ihr Körpergewicht nach unten gezogen zu werden.
Achten Sie darauf, daß das linke Knie durchgedrückt bleibt.

YOGA-ÜBUNGEN

Abb. 95 Abb. 96

Abb. 97

YOGA-ÜBUNGEN

Stirn zur Ferse

Die Übung wirkt hauptsächlich auf die Außenseite der Schenkel, während die Innenseite der Schenkel gestrafft wird, wenn die Nase die Zehen berührt.

Ausführung:
1. Setzen Sie sich mit ausgestreckten Beinen hin. Stellen Sie eine Ferse in Kniehöhe des anderen Beins (Abb. 98), dann die andere Ferse.
2. Lassen Sie die Knie zur Seite fallen.
3. Legen Sie beide Fußsohlen gegeneinander.
4. Atmen Sie ein und falten Sie die Hände um die Zehen.
5. Atmen Sie aus und beugen Sie sich, während die Zehen eine Hebelwirkung ausüben sollen, nach vorn. Versuchen Sie, mit der Stirn die Fersen zu berühren. Atmen Sie normal und verharren Sie 5 bis 30 Sekunden (Abb. 99).
6. Richten Sie sich während des Einatmens wieder auf.
7. Variation: Versuchen Sie beim nächsten Mal, wenn Sie diese Übung machen, mit der Nase an die Zehen zu kommen (Abb. 100).

Andere Übungen für die Schenkel:
Arm- und Beinstreckung (am 4. Tag)
Schiefe Ebene (am 5. Tag)
Gegrätschte Beinstreckung im Stehen (am 12. Tag)

YOGA-ÜBUNGEN

Abb. 98

Abb. 99

Abb. 100

INNERE EINSTELLUNG

Sensibilisierung

Setzen Sie sich mit aufrechtem Rückgrat bequem in eine abgeschiedene, stille Ecke der Wohnung. Legen Sie die Beine hoch und lehnen den Kopf an. Schließen Sie die Augen, falten Sie die Hände, machen Sie eine Atemübung und lassen Sie sich dann sinken. Entspannen Sie sich.
Stellen Sie sich vor, daß Sie am Strand spazierengehen. Das sich ewig wandelnde Meer erstreckt sich bis zum Horizont und verschmilzt dort mit dem Himmel. Endlos dehnt sich der Strand aus, keine Menschenseele ist in Sicht. Sie sind allem entronnen und genießen die Einsamkeit. Die Schuhe in der Hand strolchen Sie über den Sand. Ihr Blick schweift über den hohen, blauen Himmel und bleibt ab und zu an einem duftigen Wölkchen haften. Sie fühlen sich eins mit der Natur. Sie spüren den Sand, wie er über die Zehen rieselt, seine Wärme, und bei jedem Schritt sind Sie ein Teil des Sands, lassen sich hineinsacken. Der Wind umspielt Sie schmeichelnd und kühlend, bis der ganze Körper ein Teil der Brise ist.
Dann werden Sie müde. Sie setzen sich hin und buddeln eine große Muschel aus dem Sand, innen so glatt wie Alabaster. Sie betrachten sie, spüren ihr Gewicht in der Hand. Riechen Sie den salzigen Tanggeruch, den sie ausströmt, und halten Sie sie ans Ohr... das ewige Rauschen der Meereswellen ist zu hören, wie sie an den Strand wogen. Während Sie lauschen, werden Sie eins mit dem Auf- und Abschwellen des Wassers und können sich davon nicht mehr lösen. Behutsam legen Sie die Muschel wieder in den Sand, legen die Kleidung ab und vertrauen sich dem Meer an. Während die warmen Wellen langsam Ihren Körper umspülen, tauchen Sie in die samtene Glätte hinein und wiegen sich im Rhythmus der Wogen. Sie heben und senken sich mit Ihnen. Sie schweben in der Flüssigkeit und sind so geborgen wie in der Mutter Schoß. Sie treiben in die Unendlichkeit des Meeres ab, immer weiter von der Küste entfernt, die kleiner und kleiner wird. Sie erreichen das Ende der Wasserfläche, dort wo sich Himmel und Erde treffen, wo die Sonne in strahlendem Glanz versinkt, und Sie schwimmen in einem Meer der Reinheit und des Friedens. Sie tauchen in den Sonnenball ein und werden mit dem Universum eins. Und im Vergehen verschmelzen Sie mit dem hohen Himmel, dem gleißenden Licht und sind ein Teil des Alls, seiner Klarheit und seiner Weisheit.

SCHÖNHEITSPFLEGE

Der zwölfte Tag

Duschen und Baden

Wasser gilt als das älteste Schönheitsmittel, wohl nicht zuletzt deshalb, weil jede Schönheit Sauberkeit voraussetzt und die Reinigung des Körpers sowie der Kontakt mit dem nassen Element zu unserem Wohlbefinden und zur Gesundheit beitragen. Die alkalischen Salze des Wassers bewirken eine Tiefenreinigung der Haut und befreien die Poren von organischen Abfallstoffen und abgestorbenen Zellen. Darüber hinaus wird durch Einwirkung des Wassers der Kreislauf der Unterhautkapillaren angeregt, die Sauerstoffzufuhr verbessert und die Versorgung und Entschlackung der Zellen begünstigt.
Das warme Wannenbad aber, wie es bei uns noch immer vorzugsweise praktiziert wird, dient kaum dem allgemeinen Wohlbefinden, der Gesundheit und schon gar nicht der Schönheit, wenn man umgeben von Schaumbergen, Seifenresten und organischen Abbaustoffe in der Wanne sitzt. Auch trägt diese Art der »Körperwäsche« stark zu Infektionen bei, da mit dem Wasser Schmutzpartikeln und Bakterien in Körperöffnungen und Wunden eindringen.
Das rieselnde Wasser der Dusche dagegen wirkt wie eine Kreislaufmassage, und die toten Zellen und der Schmutz werden sofort von der Haut geschwemmt. Nach der Reinigung unter der Dusche können Sie in ein warmes Bad steigen, das auf den Organismus entspannend wirkt.

SCHÖNHEITSPFLEGE

Was man tun kann
1. Die kreislaufanregende Wirkung des Wassers unter der Dusche steigern Sie, wenn Sie sich mit gleichmäßigem Druck mit einer Hautbürste abrubbeln.
2. Die Haut ist durch einen Säuremantel geschützt, der das Eindringen von Krankheitserregern verhindern soll. Um diesen Säuremantel nicht zu beschädigen bzw. seine Funktionen nicht zu stören, sollten Sie nur Seifen und Kosmetika verwenden, deren Zusammensetzung dem Säuremantel entgegenkommt. Lassen Sie sich deshalb beim Kauf von Körperpflegemitteln darüber fachkundig beraten.
3. Den Waschlappen als Hilfsmittel zur Körperwäsche verbannen Sie am besten von nun ab, wenn er nicht nach jeder Benützung gewechselt und ausgekocht wird. Er ist unhygienisch und ein geradezu idealer Nährboden für Bakterien.
4. Reiben Sie Ellbogen, Fersen und Fußsohlen regelmäßig mit einem Bimsstein ab.
5. Offene oder entzündete Körperstellen sollten nicht mit Seife in Berührung kommen.
6. Bei fetter Haut gehen Sie grundsätzlich sparsam mit Seife um.
7. Trockene und spröde Haut sollten Sie nach der Dusche oder dem Bad noch in nassem Zustand mit Pflanzenöl einreiben.
8. Gehen Sie sparsam mit sogenannten Schaumbädern um, da sie die Haut mehr oder weniger auslaugen können.
9. Übertriebene Sauberkeit ist der Gesundheit und Schönheit der Haut ebenso abträglich wie Unsauberkeit.
10. Deodorantsprays können empfindliche Haut reizen und wirken sich außerdem ungünstig auf die Hautatmung aus.

SCHLANKHEITSDIÄT

Proteinbildende Nahrungskombinationen

Um körpereigene Proteine bilden zu können, benötigt der Körper ausreichend und wertvolles tierisches und pflanzliches Eiweiß, das wir mit der Nahrung zuführen.
Ebenso lebenswichtig wie die Vitalstoffe sind die Aminosäuren, vor allem die acht essentiellen, die der Organismus nicht selbst aufbauen kann.
Im Durchschnitt finden wir in grünen Pflanzen oder Pflanzenteilen bis zu 2 Prozent Eiweiß. Auf dem Umweg über das pflanzenfressende Tier wird aus dem vegetabilischen Protein tierisches Protein bis auf 20 Prozent konzentriert, das alle acht essentiellen Aminosäuren enthält.
Will man ganz sichergehen, den täglichen Durchschnittsbedarf von 6,5 g an den acht lebenswichtigen Aminosäuren zu decken, ist man gut beraten, auch bei abwechslungsreicher und vitalstoffreicher Nahrung noch 1–2 Eßl. Soja- oder Erdnußmehl einzunehmen, die man auch den Speisen untermischen kann.

Um den gesamten Aminosäurekomplex zu bilden, sind auch Nahrungsmittelkombinationen wie folgt ratsam:
Getreidekörner und Nüsse,
Hülsenfrüchte und Fleisch,
Getreideprodukte und Milch, Fleisch, Fisch oder Ei.
Ungeschälter Reis mit Bohnen, Bierhefe oder Milch,
Erdnüsse mit Milch,
Bohnen mit Milch,
Sesamkörner mit Milch.

Anstelle von Milch kann 1/3 Tasse geriebener Käse oder 1/4 Tasse Hüttenkäse oder 1/4 Tasse Milchpulver dazugenommen werden.

SCHLANKHEITSDIÄT

Tagesmenü

Frühstück:	1 Orange und 1/2 Grapefruit gemischt 30 g Frühstücksschinken oder 2 Eßl. Quark oder Hüttenkäse 1 Scheibe getoasteter Pumpernickel
2. Frühstück:	1 Eßl. Erdnußbutter
Mittagessen:	1 Tasse Früchtejoghurt und 1 Eßl. Sonnenblumenkerne oder Ananasmixgetränk Rezept im Menü für den 4. Tag
Nachmittag:	1 Scheibe Käse (Cheddar, Münster oder Gruyère)
Abendessen:	1 Tasse gedünstete Brokkoli 1 Tasse gedünstete Karotten 1 Tasse gedünsteter Porree 90 g mageres Roastbeef
Betthupferl:	1 Apfel

YOGA-ÜBUNGEN

Beine

Die heutigen Übungen, die die Wadenmuskulatur entwickeln und die Sehnen strecken, wirken wohltuend für den ganzen Fuß und auch die Zehen.

Die Atemübung für heute ist die *Atmung mit hochgelegten Beinen,* die sowohl bei Atemschwierigkeiten als auch bei müden Füßen hilft.
1. Legen Sie sich auf den Rücken, mit dem Gesäß gegen eine Wand, die Beine an der Wand hoch. Sie können nach Wunsch die Füße überkreuzen.
2. Die Arme liegen ausgestreckt auf dem Boden über dem Kopf, mit den Handflächen nach oben.
3. Führen Sie dreimal die Tiefenatmung aus und steigern Sie sich allmählich auf 10. Immer mit Ausatmen beginnen.
4. *Für müde Füße:* Position wie oben beschrieben einnehmen. Stellen Sie sich vor, Ihre Füße würden beim Einatmen in einen heißen roten Fluß eintauchen und beim Ausatmen dann in einen kühlen grünen See.

YOGA-ÜBUNGEN

Gegrätschte Beinstreckung im Stehen

Die Übung streckt und entwickelt die Beinmuskulatur, formt die Beine und fördert die Durchblutung des Oberkörpers.

Ausführung:
1. Stellen Sie sich mit möglichst weit gespreizten Beinen hin (Abb. 101).
2. Atmen Sie ein und legen Sie die Hände an die Taille.
3. Atmen Sie aus und beugen Sie sich langsam aus der Taille heraus nach vorn, während Sie den Rücken durchgedrückt lassen.
4. Wenn der Körper parallel zum Boden ist, legen Sie die Hände parallel zwischen die Füße mit den Fingerspitzen nach vorn (Abb. 102).
5. Atmen Sie ein und heben Sie den Kopf an.
6. Atmen Sie aus, knicken Sie die Ellbogen ein und versuchen Sie, mit dem Scheitel den Boden zu berühren (Abb. 103).
7. Verharren Sie 10 bis 30 Sekunden in dieser Stellung und atmen Sie dabei sehr tief.
8. Atmen Sie aus, richten Sie sich auf und entspannen Sie. Wiederholen Sie die Übung bei Bedarf.

So ist es richtig:
Halten Sie während dieser Übung unbedingt die Knie durchgedrückt, indem Sie die Kniekehlen anspannen.
Füße, Hände und Scheitel Ihres Kopfes müssen in einer Linie stehen.
Machen Sie keinen Katzenbuckel, sondern ein Hohlkreuz. Erzwingen Sie nichts, aber versuchen Sie, mit der Zeit den Boden mit dem Kopf zu berühren.

YOGA-ÜBUNGEN

Abb. 101

Abb. 102

Abb. 103

YOGA-ÜBUNGEN

Adler

Die Übung stärkt Fersen, Beine und Schenkel und hilft gegen Krämpfe in den Beinen.

Ausführung:
1. Stellen Sie sich mit geschlossenen Füßen hin, Arme seitlich ausgestreckt, um das Gleichgewicht zu halten.
2. Beugen Sie das linke Knie und heben Sie das rechte Bein. Legen Sie den rechten Schenkel über den linken, so hoch wie möglich (Abb. 104).
3. Während Sie die rechte Wade seitlich gegen das linke Knie pressen, führen Sie den rechten Fuß hinten um das linke Bein herum. Versuchen Sie, die rechten Zehen um den linken Fußknöchel zu wickeln (Abb. 105).
4. Heben Sie die Arme nach vorn und legen Sie oberhalb der Ellbogen den linken Arm über den rechten (Abb. 105).
5. Winkeln Sie den rechten Ellbogen an und führen Sie das rechte Handgelenk über das linke; falten Sie die Hände.
6. Halten Sie für 5 bis 15 Sekunden das Gleichgewicht, atmen Sie normal dabei.
7. Sie können sich in dieser Stellung langsam aus der Taille heraus nach vorn beugen, die gefalteten Hände vor dem Gesicht, bis die Ellbogen Ihre Knie berühren (Abb. 106).
8. Lösen Sie die Stellung auf und entspannen Sie. Wiederholen Sie die Übung auch zur anderen Seite.

So ist es richtig:
Beginnen Sie mit den leichten Gleichgewichtsübungen, falls Sie bei dieser Übung Schwierigkeiten haben sollten.
Konzentrieren Sie sich besonders stark.
Überkreuzen Sie die Beine ganz oben, dann geht das Überschlagen weiter unten viel leichter.
Verschränken Sie die Arme in entgegengesetzter Richtung als die Beine. Solange Sie in dieser Stellung noch nicht sicher sind, beugen Sie sich nicht nach vorn.

YOGA-ÜBUNGEN

Abb. 104

Abb. 105

Abb. 106

YOGA-ÜBUNGEN

Hocke

Eine ausgezeichnete Übung, die jederzeit ausgeführt werden kann. Sie kräftigt Zehen und Knie und kann Krampfadern verhindern.

Ausführung:
1. Stellen Sie sich aufrecht mit leicht geöffneten Füßen hin.
2. Heben Sie die Hände über den Kopf und legen Sie die Handflächen aufeinander.
3. Gehen Sie langsam auf die Zehenspitzen (Abb. 107).
4. Winkeln Sie die Knie an und gehen Sie sehr langsam mit dem Körper nach unten (Abb. 108).
5. Sinken Sie so weit nach unten, bis Sie auf den Fersen ruhen (Abb. 109).
6. Verharren Sie nicht, sondern gehen Sie sogleich langsam wieder hoch, bis Sie auf den Zehenspitzen stehen.
7. Verharren Sie auf den Zehen. Wiederholen Sie die Hocke in fließender Bewegung fünfmal.

So ist es richtig:
Machen Sie diese Hocke, wobei die Hände über dem Kopf bleiben, so langsam wie möglich, dann profitieren die Beine am meisten davon.
Auch wenn Sie eine Arbeit wie z. B. Bodenscheuern ausführen, gehen Sie dabei in die Hockstellung (entweder auf Zehen oder Fersen).

Andere Übungen, die schöne und gesunde Beine machen:
Hunde-Streckung (am 4. Tag)
Frosch (am 13. Tag)
Zehen-Twist (am 13. Tag)

YOGA-ÜBUNGEN

Abb. 107

Abb. 108

Abb. 109

INNERE EINSTELLUNG

Das Gehirn – ein Computer?

So gewiß man lernen kann, die Gedanken unter Kontrolle zu bekommen, so gewiß sind Sie heute noch ein Sklave Ihrer unkontrollierten Gedanken. Die ungeheuren Energien des menschlichen Gehirns sind noch lange nicht ausgeschöpft und lassen sich desto besser zügeln, je länger man sich in Meditation übt. Mit zunehmender Praxis läßt sich die Gehirnkapazität gezielt einsetzen. Ein Anwendungsbereich ist das Lösen von Problemen. Das menschliche Nervensystem durchzieht den ganzen Körper bis zu den feinsten Endungen, gesteuert vom Gehirn. Der Kreislauf der Informationen wird durch elektrische Impulse übermittelt. Man könnte also das Gehirn als Computer bezeichnen, doch arbeitet ein Computer, verglichen mit dem Gehirn, fast primitiv. Das bringt uns zu der interessanten Überlegung, warum unser Gehirn nicht ebensogut oder besser die Antworten auf alle möglichen Fragen finden kann, wie es sein weniger komplexes Gegenstück, der Computer, vermag. Dazu brauchen wir nur die uns bekannten Daten einzufüttern, zu denen das Gehirn die unbewußt gespeicherten Informationen und Eindrücke dazugibt. Die gemachten und eingeprägten Erfahrungen helfen also bei der Lösung neu aufgetauchter Probleme. Eine Definition des Begriffs »Intelligenz« könnte demnach so lauten: »Intelligenz ist die Fähigkeit, auf der Grundlage vergangener Erfahrungen neue Gegebenheiten in den Griff zu bekommen.«

Fütttern Sie heute Ihren privaten Computer, Ihr Gehirn, mit allen vorhandenen Daten, um ein bestimmtes Problem zu lösen. Beachten Sie dabei beide Seiten der Medaille. Bereiten Sie die Fakten nacheinander auf, abends im Bett vor dem Einschlafen. Denken Sie sich, daß Ihr Gehirn sich nun in aller Muße mit dem Problem beschäftigen kann und Ihnen eine vernünftige Antwort liefern wird, während Sie ungestört ruhen. Entspannen Sie sich und schlafen Sie tief und fest. Sie werden mit Überraschung feststellen, daß Ihnen im Lauf der nächsten Tage die Antwort zufliegt.

SCHÖNHEITSPFLEGE

Der dreizehnte Tag

Die Füße

Die gesamte Last des Körpers ruht allein auf den Füßen. Um auf ihnen fest stehen und sich sicher bewegen zu können, sind sie mit einer Vielzahl kleiner Gelenke, Knochen, Muskeln und Sehnen ausgerüstet, die es dem Fuß ermöglichen, sich jeder Unebenheit des Bodens anzupassen, wie es ursprünglich nötig war.
Heute aber haben sie kaum noch direkten Kontakt zur Erde, einerseits, weil wir uns auf völlig ebenen, asphaltierten Flächen bewegen, und andererseits, weil wir unsere Füße meistens in denkbar ungeeignetem Schuhwerk vergewaltigen. Die Füße sind ihrer natürlichen Funktion beraubt. Sie verkümmern nicht nur aufgrund des mit der Bequemlichkeit einhergehenden Mangels an natürlicher Bewegung, sondern werden auch einseitig be- und überbelastet bei beispielsweise vorwiegend sitzenden und stehenden Berufen. Durchblutungsstörungen, Stauungen in den Venen und somit Krampfaderbildung können die Folge sein, noch begünstigt durch eine falsche Ernährungsweise. Nicht weniger häufig sind Fußmißbildungen anzutreffen, die auf unnatürlich geformtes Schuhwerk zurückgeführt werden müssen. Und nicht zuletzt ist die Ursache von Pilzerkrankungen der Haut im Tragen von Gummischuhen oder modernen synthetischen Materialien zu suchen, welche die Haut nicht atmen lassen und zu starker Schweißabsonderung anregen.

SCHÖNHEITSPFLEGE

Was man tun kann
1. Tragen Sie im Alltag nur der Fußform angepaßtes Schuhwerk mit nicht zu hohen, aber auch nicht zu flachen Absätzen. Die ideale Höhe liegt bei vier Zentimetern. Die Schuhe dürfen nicht zu eng anliegen, müssen Ihnen jedoch einen sicheren Halt bieten. Sohle und Obermaterial sollten aus Leder bestehen, damit der Fuß atmen kann.
2. Laufen Sie viel barfuß im Freien auf dem Rasen oder der Erde.
3. Wechseln Sie öfters am Tag die Schuhe, und laufen Sie zu Hause nicht in ausgetretenen und abgetragenen Schuhen herum.
4. Kaufen Sie sich die Schuhe keinesfalls zu klein. Meist unerklärliche Kopfschmerzen »stecken in den Schuhen«.
5. Versuchen Sie mehr von der Außenkante der Füße und von den Fersen zu den Zehen abrollend zu gehen.
6. Müde Füße baden Sie in angewärmtem Regenwasser, wenn es vorrätig ist, oder treten Sie in kaltem Wasser auf den Zehen.
7. Die beste Vorbeugung gegen Krampfadern und natürlich auch harmlosere Beinbeschwerden ist tägliche Bewegung. Alle Fußmuskeln müssen wenigstens einige Minuten lang beansprucht werden, laufen Sie wiederholt einige Meter auf den Zehen, steigen Sie Treppen ebenfalls auf den Zehenspitzen. Machen Sie daneben eine ausreichende Beingymnastik, beispielsweise morgens nach dem Erwachen im Bett »Radfahren« und abendliche Wadenberieselungen mit lauwarmem Wasser, die die Blutzirkulation in Füßen und Beinen anregt.
8. Zur Dichtigkeit der Blutgefäßwandungen und bei Venenschwäche benötigen Sie Vitamin P (Rutin). Es ist u. a. in Orangen, Zitronen, Pampelmusen und Paprikaschoten enthalten.

Die gefäßverdichtende Wirkung von Vitamin P macht sich vor allem in Kombination mit Vitamin C bemerkbar, das in oben angeführten Sorten ebenfalls vorkommt.

Nahrungsmittel mit Heilwert

Um den häuslichen Speisezettel mit besonders für die Gesundheit wertvollen Nahrungsmitteln, auch über die Schlankheitskur hinaus, zu bereichern, seien einige von ihnen hier aufgeführt.

Apfelessig ist ein bekömmliches Belebungsmittel und ein äußerliches Kosmetikum. Man kann täglich 1 Teel. Obstessig in einem Glas Wasser verrührt trinken.

Bierhefe ist eine der reichsten Vitaminquellen, besonders der B-Gruppe und Provitamin D. Bierhefe enthält ferner Phosphor, Kalium, Magnesium und lebenswichtige Aminosäuren. Schon 1 Eßl. täglich in Obstsäfte, Milch, Müslis, Suppen oder Aufläufe gemischt, bekommt der Gesundheit und Schönheit ganz ausgezeichnet.

Lezithin als Nahrungsbestandteil ist eine an Phosphor gebundene Fettsäure, die zur Erhaltung und Funktion von Gehirn und Nerven wichtig ist. Lezithin hat im Organismus eine Art Schlüsselposition, indem es ermöglicht, daß die mit dem Blut transportierten Fette die Zellwand durchdringen können und die Zelle mit Nähr- und Treibstoff versorgen. Lezithin finden wir am reichlichsten in Eiern, Sojabohnen und Sojamehl und Fleisch.

Weizenkeime sind sehr vitalstoffreich, aber auch eine besondere geschmackliche Ergänzung für viele Speisen. Weizenkeime enthalten die wichtigsten Vitamine der B-Gruppe und Vitamin E. Darüber hinaus weisen sie die Spurenelemente und Mineralien Magnesium, Kalium, Kalzium und Eisen auf. Weizenkeime eignen sich ebenso wie Bierhefe zu Kurzwecken und sind kühl und dunkel aufzubewahren (Gemüsefach im Kühlschrank).

Melasse ist reich an Eisen und Kalzium. 1–2 Teel. Melasse in einer Tasse Magermilch wirkt als Schlafmittel. Melasse leistet aber auch sehr gute Dienste bei Darmträgheit.

Mandeln enthalten Magnesium, Kalium und Phosphor und sind außerdem reich an Protein. Mandeln haben fast soviel Eiweiß wie Fleisch und sind zusammen mit Feigen ein gutes Darmantiseptikum und nützlich gegen Parasiten im Darmtrakt.

Knoblauch ist ein natürliches Antibiotikum und Herztonikum, wirkt blutdruckregelnd bzw. -senkend und antisklerotisch.
Knoblauch enthält Schwefel, Jod usw. und empfiehlt sich vor allem bei Rheuma und Gicht, Asthma, arteriosklerotischen Beschwerden und gegen Darmparasiten.

SCHLANKHEITSDIÄT

Meeresalgen enthalten eine Vielzahl an Spurenelementen und Mineralstoffen, Vitamine, ferner Proteine und essentielle Aminosäuren. Ihre vielseitigen Wirkungen kommen vor allem bei frühzeitigen Alterserscheinungen zugute, aber auch bei Abmagerungskuren und allgemeinen Mangelerscheinungen. Da die Zubereitung von Algen sehr viel Zeit und Können verlangt, empfiehlt sich die Einnahme von Algentabletten ohne chemische Zusätze.

Blütenpollen sind reich an Protein, lebenswichtigen Aminosäuren, Vitamin B1, B2, B6, PP und E sowie Chrom, Mangan und anderen Spurenelementen. Blütenpollen wirken regenerierend auf den gesamten Organismus, regulierend auf die Darmfunktion und kommen auch der Schönheit zugute.

Tagesmenü

Frühstück: 1 Orange und 1/2 Grapefruit gemischt
1/2 Tasse Thunfisch aus der Dose
1 Scheibe getoasteter Pumpernickel und
1 Messerspitze Butter oder
1 Brötchen

2. Frühstück: 1 Banane oder
1/2 Melone

Mittagessen: Orangenmixgetränk II:
1 Tasse Orangensaft
2 Teel. Sojamalz oder
2 Eßl. Milchpulver
1 Teel. Bierhefe
1 Ei

Nachmittag: 1 Eßl. Erdnußbutter

Abendessen: 2 weichgekochte Eier
1 Scheibe getoastetes Roggenbrot
1 Messerspitze Butter

Betthupferl: 1 Hühnerbrust oder
1 Scheibe Roastbeef oder
1 hartgekochtes Ei

YOGA-ÜBUNGEN

Füße und Knöchel

Für heute wurden Übungen ausgewählt, die bei müden Füßen und zum Verschönern der Beine helfen.

Die Atemübung für heute ist die *Reinigungsatmung,* um das Nervensystem zu stärken und das Blut zu reinigen:
1. Setzen Sie sich aufrecht in den Schneidersitz oder auf einen Stuhl. Ausatmen.
2. Atmen Sie tief ein, indem Sie den Bauch ausdehnen, nehmen Sie dabei soviel Luft auf, wie das in einer Sekunde möglich ist.
3. Ziehen Sie den Bauch mit aller Kraft zurück, wobei die Luft durch die Nasenlöcher herausgetrieben wird. Sie müssen dabei das Gefühl haben, als würde der Magen nach innen gepreßt.
4. Atmen Sie wieder tief ein, indem Sie den Bauch ausweiten und die Luft in das durch das Ausatmen entstandene Vakuum einschleusen.
5. Der Prozeß des Ein- und Ausatmens darf nicht länger als 1,5 Sekunden dauern. Er geschieht kraftvoll und ziemlich laut.
6. Wiederholen Sie zehnmal, wechseln Sie anschließend ab mit Tiefatmung und dann wieder zehnmal die Reinigungsatmung.

YOGA-ÜBUNGEN

Knöchelbeuge

Die Übung hilft bei geschwollenen Knöcheln und Füßen und stärkt schwache Knöchel.

Ausführung:
1. Stehen Sie aufrecht, die Füße 6 cm auseinander.
2. Rollen Sie beide Füße nach rechts. Sie stehen dabei auf der rechten Außenseite des rechten und auf der rechten Innenseite des linken Fußes (Abb. 110).
3. Beugen Sie Ihre Knie nach rechts und vorn, während Hüften und Becken gerade bleiben.
4. Verharren Sie so 5 Sekunden oder bis es Ihnen unbequem wird.
5. Wiederholen Sie das gleiche zur anderen Seite.
6. Setzen Sie sich mit angezogenen Knien auf den Boden.
7. Strecken Sie das linke Bein aus und halten Sie sich unterhalb des Knies mit dem rechten angewinkelten Arm fest (Abb. 111).
8 Bearbeiten Sie mit beiden Händen Ihren rechten Fuß. Drehen Sie den Knöchel im Uhrzeigersinn, danach anders herum, dreimal hintereinander (Abb. 112).
9. »Spielen« Sie mit Ihren Zehen, massieren Sie Ferse und die gesamte Fußsohle.
10. Wiederholen Sie Stufe 8 und 9 mit dem anderen Fuß.

So ist es richtig:
Wenn Sie diese Übungen regelmäßig machen, wird Ihr Gang elastisch bleiben. Steife Knöchel sind ein erstes Alterszeichen. Achten Sie darauf, daß Ihr Becken gleichmäßig nach vorn zeigt, sonst geht viel von der Wirkung dieser Übung verloren.

YOGA-ÜBUNGEN

Abb. 110

Abb. 111

Abb. 112

YOGA-ÜBUNGEN

Frosch

Die Übung hilft bei Plattfüßen, bringt Erleichterungen bei Schmerzen in den Fersen und lindert Müdigkeitserscheinungen in Beinen und Füßen.

Ausführung:
1. Legen Sie sich mit dem Gesicht nach unten auf den Boden, die Hände mit den Handflächen nach unten unter den Schultern.
2. Winkeln Sie das rechte Knie an, und bringen Sie die Ferse dicht an das Gesäß (Abb. 113).
3. Legen Sie die rechte Hand so auf den rechten Fuß, daß Sie ihn zwischen Daumen und Zeigefinger greifen können, wobei der Daumen in Richtung Körper, der Ellbogen zur Decke hoch zeigen *muß*.
4. Atmen Sie aus und heben Sie Kopf und Schultern vom Boden hoch, schauen Sie dabei nach oben und drücken den Fuß zum Boden hin.
5. Verharren Sie 10 bis 30 Sekunden in dieser Stellung, atmen Sie dabei normal (Abb. 114).
6. Atmen Sie aus, senken Sie den Oberkörper und entspannen Sie.
7. Wiederholen Sie die Stellung mit dem anderen Fuß. Wenn Sie die Übung gut beherrschen, machen Sie sie mit beiden Füßen gleichzeitig (Abb. 115).

So ist es richtig:
Achten Sie darauf, daß die Hände den Fuß richtig berühren. Die Bewegung läßt sich besser ausführen, wenn Sie die Füße nach unten drücken statt zu ziehen.
Folgen Sie genau den Atemanleitungen.
Drücken Sie die Füße nur so weit, wie es Ihnen bequem ist.

YOGA-ÜBUNGEN

Abb. 113

Abb. 114

Abb. 115

YOGA-ÜBUNGEN

Zehen-Twist

Die Übung stärkt Füße und Knöchel, verbessert die Haltung und macht schöne Beine.

Ausführung:
1. Stellen Sie sich aufrecht mit geschlossenen Füßen hin, die Zehen zeigen leicht nach außen.
2. Heben Sie sich langsam auf die Zehen und strecken Sie die Arme nach vorn. Die Daumen sind ineinander verhakt, die Handflächen zeigen nach unten (Abb. 116).
3. Halten Sie den Blick auf die Handrücken, das erleichtert das Balancieren.
4. Führen Sie Ihre Arme so weit wie möglich zur Seite. Die Bewegung geht von der Taille aus, die Zehen bleiben fest am Boden (Abb. 117).
5. Verharren Sie 10 bis 20 Sekunden in dieser Stellung, drehen Sie sich dann langsam nach vorn.
6. Wiederholen Sie die Übung zur anderen Seite hin und noch zweimal pro Seite (Abb. 118).

So ist es richtig:
Geben Sie nicht auf, wenn Sie das Gleichgewicht verlieren, versuchen Sie es einfach noch einmal. Achten Sie darauf, daß sich die Zehen nicht bewegen, wenn Sie sich zur Seite drehen; sie müssen immer nach vorn zeigen.
Halten Sie den Körper gerade und strecken Sie dabei die Brust heraus.

Andere Übungen, um die Muskeln von Füßen und Beinen zu entwickeln und Knie und Knöchel zu »schmieren«, sind:
Hunde-Streckung (am 4. Tag)
Stirn zur Ferse (am 11. Tag)
Hocke (am 12. Tag)

YOGA-ÜBUNGEN

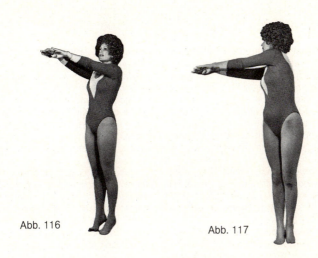

Abb. 116

Abb. 117

Abb. 118

INNERE EINSTELLUNG

Erreichung eines Ziels

Der Yogi spricht immer von der Dreieinigkeit des Seins, die erst den ganzen Menschen ausmacht: Körper, Geist und Seele. Mit Hatha-Yoga-Übungen bauen wir den Körper auf, durch Meditation trainieren wir den Geist, und beides zusammen hebt unsere seelische Einstellung. Um eine höhere Bewußtseinsebene zu erreichen, muß zuerst der Geist an die Kandare genommen werden. Er kann lernen, Angst und Mißtrauen beiseite zu schieben, Vertrauen auf die universelle Ordnung und Liebe zu entwickeln und positive Wellen auszustrahlen. Jeder Mensch ist in sich eine kosmische Sende- und Empfangsstation, und jede seiner Handlungen und Gedanken stößt auf irgendeine Art von Echo. Deshalb ist eine positive Ausstrahlung von so großer Bedeutung, denn sie wirkt wiederum auf den Aussender ein.
Ist denn die Erreichung eines Ziels, abgesehen von der banalen Erfüllung eines Wunsches oder Wachträumen, möglich? Die Yogis sind überzeugt, daß man sich ein Ziel setzen kann und es durch den einfachen Akt des Urvertrauens auch erreichen wird. Voraussetzung sind allerdings die »Zehn Gebote« des Yoga, die Yamas oder Niyamas. Sie fordern Gewaltlosigkeit, Wahrhaftigkeit, keinen Diebstahl, Keuschheit und Wunschlosigkeit, innere und äußerliche Reinheit, Zufriedenheit, Bedürfnislosigkeit, Studium und Andacht. Dadurch wird die Vorstellung ausgeschlossen, einem anderen etwas Böses oder Schädliches zuzufügen. Im Gegenteil, ein ungezogenes Kind zu segnen, einem schwierigen Nachbarn Gutes zu wünschen, setzt beim anderen und bei einem selbst einen wundersamen Heilungsprozeß in Gang. Er findet seinen sichtbaren Ausdruck in Schönheit und Heiterkeit des Wohldenkenden. Der Wunsch nach Erleuchtung und Wissen ist in die Tat umgesetzt. Man kann nicht um Gesundung bitten und gleichzeitig von Krankheitserscheinungen reden. Man kann sich nicht Reichtümer erträumen, während man sich müßig treiben läßt. Und niemand kann erwarten, immer nur zu empfangen, ohne selbst jemals zu geben, ein Stückchen von sich selbst oder wenigstens ein Dankeschön.
Die Schritte zum Erreichen eines übergeordneten Ziels sind genau vorgezeichnet: Man muß genau wissen, was man wirklich und wahrhaftig will. Man muß es sich in allen Einzelheiten ausmalen können, so, als wäre es schon eingetreten. Und man muß dafür dankbar sein.

SCHÖNHEITSPFLEGE

Der vierzehnte Tag

Die Augen

Fast die Hälfte aller Sinneseindrücke erhalten wir über unsere Augen, mit denen wir Größen, Formen, Beschaffenheit, Abstände und nicht zuletzt die Farbe von Dingen erfassen können. Von der vorrangigen Bedeutung der Augen als Sinnes- oder Sehorgane abgesehen, trägt ihre Farbe und Form entscheidend zum individuellen Aussehen eines Menschen bei. Darüber hinaus können die Augen durch blitzschnell mögliches Funktionieren der Augenmuskeln zum ausdrucksvollsten Teil des Gesichtes werden. Der überaus komplizierte Mechanismus unseres Sehapparates benötigt zur vollen Funktionstüchtigkeit ein ganzes Arsenal an Nähr- und Vitalstoffen, die der Organismus durch die tägliche Nahrung erhalten muß. Bei einem Defizit in der Ernährung leiden die Augen als erste, wobei natürlich die Überanstrengung der Augen durch langes Fernsehen und Arbeiten bei künstlichem Licht eine bedeutende Rolle spielt.

SCHÖNHEITSPFLEGE

Was man tun kann
1. Bei Lichtempfindlichkeit, bei Nachtblindheit und zur allgemeinen Verbesserung des Sehvorganges benötigen die Augen reichlich Pro- oder Vitamin A und B 2. Beide sind reichlich enthalten in Bananen, Melonen, Zitronen, Orangen und Aprikosen.
2. Vitamin B 1 hilft bei nichtinfektiöser Bindehautentzündung; enthalten in Hefe, Getreidekeimen, Kartoffeln, Vollkorn- und Knäckebrot, Nüssen, Milch und Grünblattgemüsen.
3. Bei müden, überanstrengten Augen legen Sie Gurkenscheiben oder Kompressen mit einem Abguß von Steinkleeblüten auf. Müde Augen mit dunklen Augenringen können Zeichen von Sauerstoffmangel oder auch unregelmäßigem Stuhlgang sein sowie Begleiterscheinungen einer Beschwerde oder organischen Erkrankung.
4. Gereizte und geschwollene Augen behandeln Sie mit Kamillenteekompressen.
5. Angespannte Augenmuskeln entspannen Sie mit Warmwasserkompressen. Anschließend rollen Sie die geschlossenen Augen und legen die angewärmten Handballen auf.
6. Sehr erfrischend sind kalte Kompressen oder Augenbäder mit destilliertem oder abgekochtem Wasser und eine leicht knetende und zwickende Massage im Nacken.
7. Schwere Nährcremes beschleunigen die Faltenbildung um die Augen (Krähenfüße). Tragen Sie zur Vorbeugung Weizenkeim- oder Sonnenblumenöl auf und klopfen Sie es leicht ein.

SCHLANKHEITSDIÄT

Natürliche Abführ- und Beruhigungsmittel

Unregelmäßiger Stuhlgang oder gar chronische Verstopfung sind sehr häufig auftretende Begleiterscheinungen unserer modernen Lebens- und Ernährungsweise, die man nicht auf die Dauer mit Pillen oder Tabletten kurieren kann. Das organische Gleichgewicht, ein gut funktionierender Stoffwechsel und somit eine gute Darmfunktion hängen nämlich entscheidend von einer geregelten Lebens- und einer gesunden Ernährungsweise ab.

Typische Abführmittel – seien sie nun aus pflanzlichen oder künstlichen Stoffen – sind immer nur einmalig oder in Ausnahmezuständen anzuraten, da sich der Körper sehr rasch daran gewöhnt und nicht mehr in gewünschter Weise darauf reagiert. Folgen wie Verstopfung und Erschlaffung der Darmmuskulatur sind außerdem nicht ausgeschlossen. Besonders ist aber vor chemischen Abführmitteln zu warnen. Aufgrund möglicher und schwerwiegender Nebenwirkungen sollten sie nie auf eigene Faust und über längeren Zeitraum eingenommen werden.

Demgegenüber gibt es Nahrungsmittel, die gesundheitlich wertvoll sowie völlig unschädlich sind und für einen guten Stuhlgang sorgen. Es sind z. B. braune Melasse, Honig (angenehm in einem Schlaftrunk mit warmer Milch), Joghurt, Bierhefe, Weizenkeime (zusammen vermischt), Apfelessig und Buttermilch.

Natürliche Beruhigungsmittel basieren in ihrer Wirkung darauf, daß sie den Mineralstoff- und Vitaminbedarf ausgleichen. Wer sich gesund und natürlich ernährt, wird also kaum im allgemeinen beruhigende Mittel benötigen. Bei Durchführung einer Abmagerungskur ist man oft gereizter als sonst und bedarf einer besonderen Unterstützung.

Kalzium wirkt nervenberuhigend, ist aber nur voll wirksam, wenn Phosphor, Magnesium, Kupfer, Fluor und Vitamin D anwesend sind. Zur Stärkung der Nerven sollten Sie ferner für ausreichend Vitamin E und F (hochungesättigte, lebenswichtige Fettsäuren) sorgen.

Die Wirkung läßt sich noch unterstützen durch die wechselseitige Nasenatmung oder andere Yoga-Übungen, bei denen diese Wirkung erwähnt wurde.

SCHLANKHEITSDIÄT

Tagesmenü

Frühstück:	Ananasmixgetränk, Rezept wie Menü des 4. Tages oder das Frühstück des 7. Tages
2. Frühstück:	1 Eßl. Honig
Mittagessen:	3/4 Tasse rohes, gehobeltes Kraut mit 1/2 Tasse geraspelte Rote Beete 1 mittelgroße Karotte, geraspelt Schnittlauch und 1 Eßl. Essig-Öl-Marinade 1 dünn mit Butter bestrichener Weizenkeks
Nachmittag:	1 Banane
Abendessen:	1 Tasse französische Zwiebelsuppe oder 1 Tasse grüne Bohnen, gedünstet 1/2 Tasse gedünstete Karotten 1/2 Tasse gedünsteter Spinat, überbacken mit 90 g Brotbröseln
Betthupferl:	8 Mandeln 1 Eßl. Sonnenblumenkerne

YOGA-ÜBUNGEN

Entspannung

Wenn Sie heute diese Entspannungsübungen machen, konzentrieren Sie alle Gedanken darauf. Lassen Sie sich durch nichts davon ablenken, auch oder besonders wenn Ihre Zeit zum Entspannen nur kurz ist.

Die heutige Atemübung ist die *Wärme-Atmung,* die es ermöglicht, den vollen Nutzen des Prana (Lebenskraft) auf einen ganz bestimmten Teil Ihres Körpers zu konzentrieren:
1. Setzen Sie sich in den Schneidersitz. Ausatmen.
2. Atmen Sie ein und konzentrieren Sie sich dabei auf einen kleinen Teil Ihres Körpers; fangen Sie mit Handfläche oder Zeigefinger an.
3. Atmen Sie genau so lange aus, wie Sie eingeatmet haben.
4. Atmen Sie wieder ein und konzentrieren Sie sich so intensiv, bis Sie ein Gefühl der Wärme in dem Teil Ihres Körpers verspüren, den Sie ausgewählt haben.

So ist es richtig:
Versuchen Sie diese Konzentration immer wieder, bis es Ihnen gelingt, das Gefühl der Wärme in einem bestimmten Körperteil zu empfinden, bevor Sie einen größeren Teil einbeziehen.
Wenden Sie diese Methode z. B. im Winter an, wenn Sie kalte Füße haben. Lassen Sie sich nicht entmutigen, wenn Ihnen die Übung nicht gleich gelingen sollte. Es erfordert eine sehr große Konzentration, Wärme durch Atmung zu erzeugen.

YOGA-ÜBUNGEN

Rock'n 'Roll

Die Übung ist gut zum Aufwärmen und Regenerieren, denn sie hat Massagewirkung und mindert Verspannungen in Wirbelsäule und Nacken.

Ausführung:
1. Setzen Sie sich mit angewinkelten Knien auf den Boden.
2. Falten Sie die Hände unterhalb der Knie.
3. Bringen Sie den Kopf so nah wie möglich an die Knie, wo er während der ganzen Übung bleibt (Abb. 119).
4. Rollen Sie sich sanft auf der Wirbelsäule nach hinten. Der Rücken ist dabei abgerundet, die Füße bleiben geschlossen (Abb. 120).
5. Rollen Sie in einem leichten Rhythmus vor und wieder zurück.
6. Rollen Sie zwölfmal oder eine Minute lang.
7. Vergessen Sie das Atmen nicht: Beim Zurückrollen einatmen, beim Vorwärtsrollen ausatmen.
8. Variation: Machen Sie die Übung von 1 bis 7 mit gekreuzten Knöcheln (Abb. 121).

So ist es richtig:
Beginnen Sie die Übung vom Liegen aus, wenn Sie Angst haben, aus der Sitzhaltung zurückzurollen.
Machen Sie diese Übung, wann immer Sie sich verkrampft fühlen. Achten Sie darauf, daß der Kopf die ganze Zeit so nah wie möglich bei den Knien bleibt. Dadurch wird Ihr Rücken schön rund und Sie können besser darauf rollen.
Nutzen Sie die erste Rückwärtsrolle als Schwungkraft für die Rolle nach vorn.

YOGA-ÜBUNGEN

Abb. 119

Abb. 120

Abb. 121

YOGA-ÜBUNGEN

Zusammengerolltes Blatt

Die Übung entspannt, denn Sie nehmen die Lage eines ungeborenen Kindes ein; sie wirkt gleichzeitig als Energiespender.

Ausführung:
1. Knien Sie sich mit geschlossenen Beinen auf den Boden.
2. Setzen Sie sich auf die Fersen. Legen Sie Ihre Hände mit den Handflächen nach oben auf den Boden, die Fingerspitzen zeigen nach hinten (Abb. 122).
3. Bringen Sie langsam den Kopf auf den Boden und lassen Sie dabei die Hände nach hinten gleiten, bis sie neben den Unterschenkeln ruhen (Abb. 123).
4. Lassen Sie Ihren Kopf auf der Stirn oder zur Seite gedreht auf dem Boden liegen. Entspannen Sie sich vollkommen, Ihre Brust ist gegen die Knie gedrückt.
5. Verharren Sie, solange Sie wollen, je länger, desto besser.

So ist es richtig:
Machen Sie diese Übung, wann immer Sie entspannen oder neue Energie sammeln wollen.
Strecken Sie das Gesäß nicht hoch, sondern verlagern Sie das ganze Gewicht auf Beine und Fersen.

YOGA-ÜBUNGEN

Abb. 122

Abb. 123

YOGA-ÜBUNGEN

Schwamm

Die Übung hilft, den ganzen Körper zu entspannen, ihn von Angstgefühlen und nervösen Spannungen zu befreien und neue Energien zu sammeln.

Ausführung:
1. Legen Sie sich auf den Boden, die Beine leicht gespreizt, die Arme kraftlos neben dem Körper (Abb. 124).
2. Recken Sie die Zehen weit von sich weg. Verharren Sie 5 Sekunden, entspannen Sie.
3. Biegen Sie die Zehen in Richtung Kopf, indem Sie die Füße in den Knöcheln beugen. Verharren, entspannen.
4. Heben Sie die Fersen ein paar Zentimeter vom Boden und strecken Sie die Beine aus. Pressen Sie dabei Ihre Kniekehlen fest gegen den Boden. Verharren, entspannen.
5. Strecken Sie die Beine aus und die Zehen zueinander, indem Sie die Fersen nach außen und oben drehen. Verharren, entspannen.
6. Kneifen Sie die Gesäßbacken zusammen. Verharren, entspannen.
7. Ziehen Sie den Bauch so weit wie möglich ein und nach oben. Verharren, entspannen.
8. Machen Sie ein Hohlkreuz und strecken Sie die Brust raus. Verharren, entspannen.
9. Strecken Sie die Arme aus, die Handflächen nach unten, und biegen Sie die Finger in Richtung Kopf. Verharren, entspannen.
10. Beugen Sie die Ellbogen und biegen Sie die Hände vom Handgelenk aus nach oben, Richtung Schultern. Verharren, entspannen (Abb. 125).
11. Machen Sie eine Faust und breiten Sie Ihre Arme ganz langsam und mit starkem Gegendruck aus, bis sie in Schulterhöhe sind. Das stärkt die Brustmuskulatur. Verharren, entspannen.
12. Ziehen Sie die Schulterblätter zusammen. Verharren, entspannen.
13. Ziehen Sie die Schultern an den Ohren hoch. Verharren, entspannen.
14. Ziehen Sie die Mundwinkel nach unten. Verharren, entspannen.
15. Drücken Sie Ihre Zungenspitze gegen den Gaumen. Verharren, entspannen.
16. Spitzen Sie Ihren Mund, ziehen Sie die Nase kraus und drücken Sie die Augen ganz fest zu. Verharren, entspannen.
17. Lächeln Sie bei geschlossenem Mund, dehnen Sie Ihr Gesicht. Verharren, entspannen.
18. Gähnen Sie ganz langsam, indem Sie sich gegen das Öffnen des Mundes wehren. Verharren, entspannen.
19. Drücken Sie den Hinterkopf fest gegen den Boden. Verharren, entspannen (Abb. 126).

YOGA-ÜBUNGEN

20. Runzeln Sie die Stirn und ziehen Sie die Kopfhaut nach vorn. Verharren, entspannen.
21. Rollen Sie die Augäpfel in alle Richtungen.
22. Ziehen Sie den Kopf nach hinten in Richtung Schultern, ohne dabei den restlichen Körper zu bewegen.
23. Entspannen Sie. Lassen Sie sich ganz in den Boden sinken. Bleiben Sie 10 Minuten so liegen.

So ist es richtig:
Verharren Sie mindestens 5 Sekunden in jeder Endstellung. Entspannen Sie nach dem Verharren, indem Sie wieder in die Ausgangsstellung zurückfallen.
Versuchen Sie, sich nach dieser Übung vollkommen zu entspannen. Verbannen Sie alle Sorgen und lästigen Gedanken. Bemühen Sie sich, so wenig als möglich zu denken. Geben Sie nur angenehmen Vorstellungen Raum. Schauen Sie ihnen zu, wie sie kommen und gehen, ganz leidenschaftslos, ganz unbeteiligt.

Andere Übungen, um bestimmte Körperteile zu entspannen:
Löwe (am 1. Tag)
Brust-Expander (am 6. Tag)
Kerze (am 2. Tag)

Abb. 124

Abb. 125

Abb. 126

INNERE EINSTELLUNG

Motive zur Kontemplation

Nach dieser Einführung in die Anfängertechniken und Möglichkeiten der Meditation werden Sie feststellen, daß Ihr Geist über lange Strecken gewissermaßen unterernährt war. Es gilt nun, ihn zu beschäftigen, ihm Futter zum Nachdenken zu geben, Motive, in die er sich versenken kann, während man Routinearbeiten nachgeht, wie den Apfel, und den Computer Gehirn mit allen Empfindungen, Erkenntnissen und Erfahrungen zu füttern, die sich bei der Betrachtung der Sätze ergeben.

Lebe, wie du, wenn du stirbst, wünschen wirst, gelebt zu haben. (Gellert)

Die Treue, sie ist doch kein leerer Wahn. (Schiller)

Man soll die Stimmen wägen und nicht zählen. (Schiller)

Was vernünftig ist, das ist wirklich; und was wirklich ist, das ist vernünftig. (Hegel)

Sei nicht übermütig im Glück, nicht kleinmütig im Unglück. (Kleobulus)

Je mehr man hat, desto mehr will man. (Villon)

Es gibt mehr Ding' im Himmel und auf Erden, als eure Schulweisheit sich träumen läßt. (Shakespeare)

Die kurze Summe des Lebens verbietet uns, eine lange Hoffnung anzufangen. (Horaz)

Die Tür meiner Freundlichkeit wird für alle offen sein, für jene, die mich hassen, und für jene, die mich lieben. (Paramahansa Yogananda)

Ich habe die Enttäuschungen in den Friedhöfen von gestern begraben.
Heute will ich den Garten des Lebens mit neuen, schöpferischen Taten bestellen. (Paramahansa Yogananda)

Ich werde niemanden kritisieren, wenn ich nicht darum gebeten werde, und dann auch nur, um zu helfen. (Paramahansa Yogananda)

Demut ist eine sichere Grundlage für alle Tugenden. (Konfuzius)

Menschen vervollkommnen sich selten, wenn sie nur sich selbst zum Vorbild haben. (Goldsmith)

Es ist leichter, den ersten Wunsch zu unterdrücken, als alle weiteren zu befriedigen. (Franklin)

Wenn Sie die Meditationsübungen fortsetzen wollen, finden Sie für vierzehn Tage eine Anregung, über die sich nachzudenken lohnt. Haben Sie ein brennendes persönliches Problem, dem Sie sich zuwenden wollen und müssen, dann empfiehlt sich, seinen Kern in einen Leitsatz nach obenstehendem Muster zu fassen und von allen Seiten zu betrachten. Das wird Ihre geistigen Kräfte freisetzen und Sie mit Sicherheit einer Lösung näherbringen.

Vitamine

Nutzen	Mangelerscheinungen	In welcher Nahrung enthalten?
A Schönheitsvitamin, Haut, Sehkraft, erhöht Widerstandsfähigkeit gegen Infektionen, Wachstum, Fortpflanzung. In Fetten und Ölen löslich, hitzebeständig, licht- und luftempfindlich. Reguliert den Säure-Basen-Haushalt.	**A** Lichtempfindlichkeit, Nachtblindheit, trockene Haut, sprödes Haar, Haarausfall, Wachstumshemmungen, Steinbildungen besonders in den Harnwegen, Zahnverfall, Anfälligkeit für Infektionen und Erkältungen, Scheidenjuckreiz.	**A** Leber, Vollmilch, Butter, Eigelb, Sahne. **Provitamin A** Grünblattgemüse, Karotten, Tomaten, Aprikosen, Pfirsiche, Datteln.
B 1 (Aneurin) Energie, reguliert den Kohlenhydratstoffwechsel, regelrechte Funktion der Nerven, Widerstandsfähigkeit gegen Infektionen. Wasserlöslich. Je mehr raffinierte Kohlenhydrate, desto mehr steigt der Bedarf an B 1.	**B 1 (Aneurin)** Nervosität, Konzentrationsschwäche, Muskelschwäche, Schlaflosigkeit, mangelnder Appetit, Depressionen.	**B 1 (Aneurin)** Vollkorngetreide und -brot, Knäckebrot, Vollreis, Hülsenfrüchte, Kartoffeln, Spargel, Rettich, Zitronen, Ananas, Sellerie, Karotten, Löwenzahn, Leber, Hirn, Eigelb, Milch und Milchprodukte, Bierhefe.
B 2 (Riboflavin) Gesundheit der Haut, bessert Sehvorgang, verhindert Mangelerscheinungen der Schleimhäute, spielt eine bedeutende Rolle im Stoffwechsel, Leberschutz. In Wasser löslich, relativ hitze- und luftunempfindlich.	**B 2 (Riboflavin)** nicht infektiöse Bindehautentzündung, Hautschäden, Seborrhoe, Ekzeme, Wachstumshemmung bei Neugeborenen, Stomatitis, Störungen in der Fettverdauung.	**B 2 (Riboflavin)** Leber, Bierhefe, Milch und Milchprodukte, Grünblattgemüse, Äpfel, Aprikosen, Orangen, Pflaumen, Brunnenkresse, Spinat, Nüsse, Vollkorngetreide und -brot.
C Stärkt die organischen Abwehrkräfte, verhindert Skorbut, belebt die Knochenmarkstätigkeit und Bildung der Blutkörperchen, erhöht die Widerstandskraft der Kapillaren, sorgt für regelrechten Ablauf der Zellfunktion. Wasserlöslich, besonders hitzeempfindlich.	**C** Schwäche und allgemeine Erschöpfungszustände, Frühjahrsmüdigkeit, Zahnfleischerkrankungen und Zahnleiden, Darmträgheit, Anfälligkeit für Infektionen und Erkältungen.	**C** Frisches Obst und Gemüse, besonders reich sind Zitronen, Orangen, Äpfel, Datteln, Ananas, Hagebutten, Johannisbeeren, Petersilie, Kartoffeln, Spinat, Brunnenkresse, Paprikaschoten, Gurken, Karotten, Tomaten und Kohl.

Nutzen	Mangel-erscheinungen	In welcher Nahrung enthalten?
D Fördert die Resorption von Kalzium, beeinflußt Knochenstoffwechsel, Aufbau des Knochengewebes, reguliert den Mineralsalzstoffwechsel. Fett- und öllöslich, relativ stabil gegenüber Luftsauerstoff, Hitze und Alkalien. Vitamin D ist nötig für das Gleichgewicht im Kalzium-Phosphor-Haushalt.	**D** Zahn- und Knochenerkrankungen, Rachitis, Ekzeme, Gelenkrheumatismus.	**D** Hering, Sardinen, Kabeljau-Leber, Eigelb, Butter, Pollen. **Provitamin D** ist in Form von Sterine als Provitamin D in der Haut vorhanden und wird durch Sonneneinwirkung in Vitamin D umgewandelt. Vitamin D ist im Organismus nur dann voll wirksam, wenn ebenfalls Vitamin A, B 1 und u. a. Vitamin C vorhanden sind.
E (Tocopherol) Reguliert die Funktion der Geschlechtsorgane, normale Drüsenfunktion, Hormonproduktion, Herz- und Venenkreislauf, Leistungsfähigkeit des Nervensystems, verhindert Muskeldegeneration. Öl- und fettlöslich, licht- und luftempfindlich, relativ hitzebeständig.	**E (Tocopherol)** Neigung zu Fehlgeburten, Muskeldegenerationen, Herzbeschwerden, Menstruationsbeschwerden bzw. -störungen.	**E (Tocopherol)** Naturbelassene, kaltgepreßte Pflanzenöle, vor allem Weizenkeimöl, Getreidekeime, Vollkornprodukte, Fleisch, Fisch, Butter, Eier, Käse, Grünblattgemüse und Salat, Melasse, Erdnüsse.
B 6-Gruppe (Adermine) Wichtig für den Eiweißstoffwechsel (Aminosäuren) und die Verarbeitung der ungesättigten Fettsäuren, Bildung von Hämoglobin, Wachstumsfaktor.	**B 6-Gruppe (Adermine)** Nervenstörungen, Schlafstörungen, Hautschäden, Blutbildveränderungen.	**B 6-Gruppe (Adermine)** Bierhefe, Weizenkeime, Eidotter, Nieren, Leber, Milch, Grünblattgemüse, Kartoffeln, Nüsse, Pollen.
B 12 (Kobalamin) Anti-Anämie-Faktor, unentbehrlich für die Funktion der Nervenzellen, nötig für einen reibungslosen Stoffwechselablauf.	**B 12 (Kobalamin)** perniziöse Anämie, körperliche und nervliche Ermüdungs- und Erschöpfungserscheinungen.	**B 12 (Kobalamin)** Bierhefe, Weizenkeime, Vollreis, Algen, Meeresfische, Leber, Eier, Milch, Grünblattgemüse.
B 5 (Pantothensäure) Funktionstüchtigkeit der Leber, verhindert vorzeitigen Haarausfall und Ergrauen, Infektionsschutz, verhütet Schädigung der Schleimhäute.	**B 5 (Pantothensäure)** Leberstörungen, Seborrhoe, Depressionen, Schleimhautentzündungen der Atemwege, Lungenentzündung, Dickdarmentzündung.	**B 5 (Pantothensäure)** Leber, Nieren, Eidotter, grüne Gemüse, Tomaten, Bierhefe.

Mineralstoffe und Spurenelemente

Nutzen	Mangelerscheinungen	In welcher Nahrung enthalten?
Kalzium Mineralstoff mit struktureller und funktioneller Bedeutung, nötig zur Bildung von Knochen, Zähnen und Sehnen, »Nervennahrung«, unentbehrlicher Blutgerinnungsfaktor. Zur Fixierung von Kalzium ist Vitamin C, D und u. a. Phosphor notwendig.	**Kalzium** Zahnverfall, Nervosität, Müdigkeit, Drüsenentzündung, Tbc.	**Kalzium** Milch- und Milchprodukte, Vollkorn, Karotten, Sellerie, Kresse, Salat, Spinat, Kohl, Petersilie, Erdbeeren, Datteln, Feigen, Brombeeren, Zitronen, Pampelmusen, Orangen, Nüsse.
Eisen Zum Transport und Speicherung von Sauerstoff notwendig, notwendig für eine regelrechte Darmtätigkeit.	**Eisen** Anämie, Asthenie.	**Eisen** Grünblattgemüse, Karotten, Zwiebeln, Kresse, Kartoffeln, Maronen, Mandeln, Pollen, Tomaten, Aprikosen, Petersilie.
Jod Unentbehrlich für eine normale Schilddrüsenfunktion, Blutgefäßschutz, Blutdruckregulator, gegen frühzeitige Alterserscheinungen.	**Jod** Kropfbildung, Fettsucht.	**Jod** Algen und Meeresfische, Knoblauch, Zwiebel, Kresse, Spinat, Karotten, Tomaten, Birnen, Trauben.
Phosphor spielt eine wichtige Rolle im Mechanismus der D-Vitamine und kontrolliert das Kalziumgleichgewicht, Bestandteil des Skeletts und des Blutes, kontrolliert die Schilddrüsenfunktion.	**Phosphor** Asthenie, ungenügende Herztätigkeit, Nervenbeschwerden.	**Phosphor** Getreide, Weizenkeime, Knoblauch, Sellerie, Karotten, Zwiebeln, Tomaten, Trauben, Mandeln, Nüsse.
Kalium Herz- und Muskeltonikum, stimuliert die Darmbewegung, reguliert mit anderen die Funktion der Nebennierenrinde, regelt den Wasserhaushalt im Gewebe.	**Kalium** Verstopfung, Herzmuskelschwäche, erniedrigter Blutdruck, Muskelschlaffheit, Darmlähmung, verminderte Harnausscheidung, Ödeme.	**Kalium** Vollkorn, Vollreis, Kartoffeln, Birnen, Trauben, Datteln, Porree, Bananen, Melonen, Feigen.

Nutzen	Mangelerscheinungen	In welcher Nahrung enthalten?
Mangan Beteiligt an vielen enzymatischen Vorgängen, Aktivator im Stoffwechsel aller Nährstoffe, fördert die Leber- und Nierenfunktion. Verbunden mit der Wirkung des Vitamin B-Komplexes.	**Mangan** Bluthochdruck, Sterilität, Rheuma, Gicht, Knochenmißbildungen.	**Mangan** Muskelfleisch, Kresse, Kohl, Sellerie, Karotten, Löwenzahn, Zwiebeln, Kartoffeln, Leber, Pollen.
Kupfer Unentbehrlich für normales Zellenleben und Knochenbildung, wird benötigt zur Fixierung von Eisen, trägt so zur Bildung des Hämoglobin bei.	**Kupfer** vermehrte Anfälligkeit gegenüber Infektionskrankheiten.	**Kupfer** Mandeln, Nüsse, Weizen, Rote Beete, Zwiebeln, Spinat, Porree, Kirschen, Orangen, Äpfel, Trauben, Pollen.
Magnesium Zellenregenerator, wachstumsfördernd, unterstützt die entschlackende Wirkung der Leber als Entschlackungsorgan, erhöht die Schutzwirkung des Organismus, sorgt für das Kalziumgleichgewicht im Körper.	**Magnesium** frühzeitige Alterserscheinungen, Verdauungsstörungen, Gicht, Arthritis.	**Magnesium** Weizen, Hafer, Roggen, Kartoffeln, Rote Beete, Pollen.
Natrium Unentbehrlich für die Leistungsfähigkeit der Nerven und Muskeln.	**Natrium** Schwäche, verminderte Harnausscheidung, Nierenerkrankungen.	**Natrium** Getreide, Gemüse, Obstsorten, Meersalz.
Schwefel Element der Knochen, Zähne, Sehnen, sorgt als Zystin für starke widerstandsfähige Finger- und Zehennägel, gesundes Haar, unterstützt die Körperabwehrkräfte.	**Schwefel** Leber- und Gallenstörun- Arteriosklerose, Dermatosen, Bluthochdruck.	**Schwefel** Kohl, Kresse, Zwiebeln, Rettich, Mandeln, Datteln, Pollen.
Zink Notwendig für die Zellatmung, spielt eine wichtige Rolle bei der Bildung von Blutkörperchen, reguliert und stimuliert die Geschlechtsdrüsen, wichtig für verschiedene enzymatische Prozesse, beeinflußt die Bauchspeicheldrüse.	**Zink** Wachstumsstörungen, Haarausfall, neurovegetative Störungen.	**Zink** Vollweizen und Gerste, Rote Beete, Kohl, Spinat, Tomaten, Pfirsiche, Orangen.